LES

SÉNÉCHAUX, PRÉFETS

ET

MAGISTRATS MUNICIPAUX

D'AGEN

DEPUIS LES TEMPS ANCIENS JUSQU'A NOS JOURS

PAR

JULES SERRET

AGEN
Imprimerie BONNET et FILS, Cours du XIV Juillet.
1886

LES

SÉNÉCHAUX, PRÉFETS

ET

MAGISTRATS MUNICIPAUX

D'AGEN

DEPUIS LES TEMPS ANCIENS JUSQU'A NOS JOURS

PAR

Jules SERRET

AGEN

Imprimerie BONNET et FILS, cours du XIV Juillet

LES SÉNÉCHAUX, PRÉFETS

ET

Magistrats Municipaux d'Agen

DEPUIS LES TEMPS ANCIENS JUSQU'A NOS JOURS

La chronologie des magistrats municipaux d'Agen, celle des sénéchaux et des préfets de l'Agenais n'a jamais été publiée.

Il nous a paru intéressant de combler cette lacune.

Sans remonter aux origines de l'administration municipale, il n'est pas inutile de dire que les sénéchaux sont restés étrangers aux élections des conseils et à la reddition de leurs comptes.

En 1365, l'édilité agenaise fit prévaloir ses droits de haute, moyenne et basse justice sur la cité et les 27 paroisses formant le rayon de sa banlieue.

Dès le principe, les conseils étaient élus pour un an. Ils se remplacèrent ensuite eux-mêmes, jusqu'au jour où leur nomination devint l'apanage du pouvoir royal.

Ils n'étaient admis à rentrer en fonction qu'après un intervalle de trois ans.

Un conseil de 24 jurats, choisis parmi les avocats, procureurs, médecins et commerçants, tous notables habitants, assistait aux délibérations de l'édilité.

Après chaque scrutin, les élus étaient classés suivant leur rang et position sociale.

A tour de rôle, ils prenaient la mairie, c'est-à-dire les principales attributions judiciaires et administratives.

Les titres et documents relatifs aux coutumes et libertés locales étaient soigneusement gardés aux archives et fermés par autant de serrures qu'il y avait de consuls.

Les franchises municipales d'Agen furent accordées, au moyen-âge, par Raymond VII, comte de Toulouse (1221), et successivement confirmées par Philippe de Valois, (janvier 1341) et par le duc d'Anjou, frère de Saint-Louis, (18 mai 1370), qui les revisa et sanctionna.

Les chapitres 52 et 53 concernaient le règlement des élections consulaires.

A partir de 1247, douze magistrats furent élus dans chacune des gayches ou quartiers, puis ce nombre fut réduit à 8, à 4 et à 6, suivant les événements politiques.

Les nouveaux élus prêtaient publiquement serment avant d'entrer en charge.

La main levée sur le livre des Evangiles (livre juratoire conservé aux archives) ils s'engageaient à être bons, droits et loyaux en leur office ; à défendre les intérêts du Roy et de la ville; — à maintenir les droits de tous : pauvres et riches, amis et ennemis, selon les fors, coutumes et franchises de la cité; — à ne recevoir argent, salaires, ni promesses, à raison des affaires de leur compétence.

Le peuple, recevant le serment des consuls, promettait à son tour obéissance, secret et fidélité.

Les consuls procédaient à la prestation, entre leurs mains, du serment des évêques et des sénéchaux avant leur entrée en exercice.

Ils choisissaient les jurats qui formaient le conseil des 115 prud'hommes.

Enfin, ils rendaient compte de leur gestion à des commissaires délégués par la jurade, comme responsables de l'emploi des recettes et des dépenses.

Le budget portait sur les fonds patrimoniaux affectant les revenus fonciers, et sur les fonds casuels formés du produit des amendes, quêtes, etc.

En 1691, Louis XIV règlementa l'office de maire.

En 1735, un arrêt du conseil royal rendit vénales les charges consulaires. Mais une ordonnance du 10 octobre 1747 rétablit, dans les villes, le droit d'élire les consuls.

Les édiles, habitués à subir la pression royale, intriguèrent toujours pour avoir le choix de leurs successeurs. De là, la perpétuité des abus qui fut l'une des plaies de l'ancien régime municipal.

Il ne saurait convenir au cadre restreint de cette étude, de donner de plus amples détails sur les attributions des magistrats consulaires. Il s'agit uniquement, dans ce travail, de relater la chronologie de leurs élections, d'après les documents disséminés dans les archives publiques et privées.

1222.

Sous le règne de Philippe-Auguste, pendant que l'Agenais dépendait de Raymond le jeune, comte de Toulouse, les consuls d'Agen étaient :

>Bonnas de **Brassac**,
>Pierre de **Peregus**,
>Pierre de **Lagruère**,
>**Doat**,
>Guillaume **Debès**,
>Thomas **Molinié**,
>Anthoine **Ha**,
>**Aroq**,
>Anthoine **Mercier**,
>**Decuc**.

Ils étaient en fonction sous l'épiscopat d'Arnaud de Rovinha, lequel battait monnaie, d'où vient la monnaie arnaldaise dans l'Agenais.

1223

Le comte de Toulouse nomma, le 7 des ides d'août 1223,
A. de TANTALON, sénéchal d'Agenais.

1224

Pierre **Auzel,**
Raymond de **Cahors,**
Pierre de **Claustre,**
Bertrand de **Pélicier,**
    (Très riche, abjura l'hérésie en 1237).
Paul **Mora,**
    Helies,
Fort de **Priffa,**
B. de **Langaffies,**
Simon de **Ramon,**
Guillaume de **Massel,**
P. **Teter,**
P. de **Mestel.**

Odon de CAZENOVE, sénéchal.

1245.

Adhémar de **La Cassagne,**
Jehan **Noyrit,**
Raymond **Mazeler,**
Guillaume **Casteil,**
Guillaume **Carcassonne,**
Pierre de **La Cassagne,**
Pierre **Corneilla,**
Anissance de **Gasc,**
Estienne de **Calignac.**

1253

Simon CLARET, sénéchal.

1266.

Philippe de VILLA FAVÉROSA, sénéchal, fondateur avec les Bénédictins d'Eysses, en avril 1264, de Villeneuve-d'Agen.

1280.

Jehan de GRAILLY, sénéchal.

1296.

Arnaud CLARI, sénéchal.

1298.

Pons de MONTLAUR, sénéchal.

Jehan **Costeil,**
Guillaume **Cot,**
Pierre **Gastobat,**
Raymond de **La Cassagne,**
Vital de la **Tapie,**
Raymond de **Constans,**
Guillaume de **Sainte-Livrade,**
Arnaud de **Galeyssac,**
Raymond de **Costa,**
Bernard **d'Eynard.**

1311.

Géraud TESTAS, sénéchal.

1313.

Amanieu du FOSSAT, seigneur de Madaillan, sénéchal pour le roi d'Angleterre.

La terreur de l'Agenais par son odieuse et criminelle administration

---

1324.

Pierre Raymond de RABASTEIN, sénéchal d'Agenais et de Gascogne pour le roi de France.

1326.

Gérard QUIERET, sénéchal.

1334.

Fortanier d'ENGARRANAQUE, sénéchal pour le roi d'Angleterre.

1341.

Robert d'HOUDETOT, sénéchal,

Fut fait prisonnier par les Anglais, au siège de Bajamont, le 28 juillet 1346. Sa rançon coûta dix mille écus d'or aux Agenais.

1346.

Guilhem **Castagner,**
Guilhem de **Metch-Val,**
Guilhem **Dumoulin,**
G. de **Galayssac,**
Gailhard de **L'Eglise,**
Aldemard du **Saumont,**
Jehan de **Lormière,**
Guilhem **Bruni,**
Raymond **Delcanue,**
R. **Guitard,**
G. Raymond d'**Albignon,**
Guilhem de **Limon,**
Pierre **Bonafous.**

1347.

Pierre AURELZIER, sénéchal.

1348.

Tristan de MONTRATIER, sénéchal.

1350. 9 juin.

Baras de CASTELNAUD, sénéchal.

1354.

Arnaud Garcies du FOSSAT, baron de Madaillan, sénéchal pour le roi d'Angleterre.

1357.

Jehan de LADEVÈZE, sénéchal.

1359.

Bertrand du ROCALH, sénéchal.

1361.

Bernard d'ARMAGNAC, sénéchal.

1364.

Pierre Gautier de TALIVES, sénéchal.

1370.

Jehan de LANNES, sénéchal.

1409.

Arnaud Guilhem de BARBAZAN, sénéchal.

1411.

Jehan **Pélissier**,
Jehan de **Parvo**,
Huc de **Vigne**,
Guilhem de **Lesterens**,
Jehan **Rochau**,
Vidal **Delcayrac**,
Robert de **Pichestienne**,
Arnaud de **Fabots**,
Jehan **Guiard**,
Fortano **Descayro**,
Jehan **Carrera**.

1413.

Jehan **Bézat**,
Jehan **Pélice**,
Jehan **Pichestienne**,
Arnaud de **Talina**,
Pierre de **Cambila**,
Pierre **Darna**,
Bernard **Darigaud**,
Raymond **Marty**,
Guilhem de **Lacanni**,
Jehan **Roques**,
Betz **Testa**,
Estubalats.

1423.

Elections consulaires dans les 8 gaiches ou quartiers, le jour du dimanche de la Passion.

1423.   Gaiches

Bernard de **Pichestienne**,	Bézat.
Bernard **Gailhéry**,	Floyrac.
Jehan **Marty**,	La Clauzule.
Jehan de **Cana**,	Molynier.
Jehan **Tournois**,	St-Gillis.
Jehan **Guiart**,	St-Esthèphe.
Hellias de **Lagleya**,	Moncorny.
Arnaud de **Talinas**.	St-Allary.

1427.

Jean **Marty**,
Jehan **Tarmas**.
Pierre d'**Estrades**,
Pierre de **Talinas**,
Arnaud de **Talinas**,
Bernard de **Pichestienne**,
    Puivry,
Hellias de **Lagleya**,

1431.

Jehan **Bezat**,
Arnaud **Gamanilla**,
Pey **Escarpit**,
Raimond **Marty**,
Bernard **Dariau**,
Arnaud de **Tabernas**,
Guilhem **Delbo**,
Robert **Testa**.

1432.

Raymond de MONTPEZAT, sénéchal.

1437

Bertrand de **Gasbertie,**
Pierre de **Vensac,**
Estienne **Bonnet,**
Guilhem de **Costa.**

1460.

Odon d'Armagnac de LOMAGNE, sénéchal.

Le nombre des consuls est réduit cette année, par exception de 8 à 6.

Jehan de **Cambucutey,**
Jehan **Delphin,**
Jehan **Gailhard,**
Bernard **Vigué,**
Bernard de **Saint-Inhour,**
Marc **Gailhety.**

1462.

Pierre de Ramond de FALMONT, sénéchal.

Jehan **Roulaud,**
Imbert **Testa,**
M. de **Montrebel,**

Bernard **Auding,**
Guilhem de **Runera,**
Guilhem **Tort,**
Hellias **Durand,**
Robert de **Nazères.**

1470.

Robert de Balzac d'ENTRAIGNES, sénéchal.

Bernard de **Gouts,**
Raymond de **Lavalia,**
Jehan **Gailhet,**
Guilhem de **Lavina,**
Jehan **Charrière,**
Guilhem de **Labarrière,**
Bernard de **Grave,**
Martial Florent de **Nort.**

1473.

Jehan **Dauffy,**
Jehan **Gailhard,**
Marc **Dalhay,**
Bernard **Vigué,**
M. Jehan de **Brax,**
Jehan de **Godailh,**
Estienne **Latapio,**
Pierre **Bruzelhe.**

1478.

Consuls réduits à 6.

Jehan de **Gailhard,**
Florent de **Nort,** docteur en médecine.
Bertrand Gana de **Portis,**
Guilhem de **Bilhonis,**
Pierre **Estard,**
Guilhem Théobald **Brucelas.**

1481.

Jehan **Dauphin,**
Jehan **Heberard,**
Jehan de **Gailhard,**
Jehan **Godailh,**
Estèphe **Chana,**
Pierre **Vinssella,**
Jehan de la **Gravères,**
Jehan **Deverty.**

1483.

Bernard **Gignoux,**
Pierre **Guilhomassis,**
Robbin **Arbricombe,**
Guilhem **Théobaldy,**
Guilhem **St-Gilys,**
Pierre de **Larivière,**
Bernard Eloi **Combette,**
Arnaud Bernard de **Figuepal.**

1484.

Marc **Dailhot**,
Jehan de **Godailh**,
Estienne **Latgiré**,
Marty de **Gailbard**,
Jehan **Bécany**,
Imbert de **Nadal**,
Sauveur **Leguet**,
Bernard **Lavergne**, marchand.

1485.

Pierre **Linzolles**,
Jehan **Daulphin**,
Estienne **Rappin**,
Bernard **Lombard**,
Jehan de **Gailhot**,
Gabriel **Desportes**,
Jehan **Pagnot**,
N. **Bézat**.

1486.

Martial de **Courtète**,
Florent de **Nort**, docteur en médecine
Pierre d'**Estrades**,
Bertrand **Graus**, bourgeois et marchand
Jehan de **Batz**,
Héliot **Durand**,
Pierre de **Gailhard**, marchand
Jehan de **Brucelles**.

1488

Marcou **Dailhet,**
Jehan de **Godailh,**
Estienne **Letgerie,**
Jehan **Bécany,**
Marty de **Gailhard,**
Guilhem **Théobaldy,**
Imbert **Nadal,**
Bernard **Lavergne,** bourgeois et marchand.

1489.

Florent de **Nort,**
Bernard **Legier,**
Pierre d'**Estrades,**
Raymond **Arbricombe,**
Pierre **Gailhard,** marchand,
Jehan de **Batz,**
Jolyet **Durand,**
Jehan de **Brucelles.**

1491.

Robert de BALZAC, sénéchal.

Géraud **Marty,**
Marc **Dailhet,**
Lou grand Gilis de **Labat,**
Robert **Leguet,**

Pierre **Molynié,**
Bernard **Laroque,**
Jehan **Daurée,**
Arnauld Bernard de **Figuepal** dit Palot.

1492.

Jehan **Godailh,**
Marty de **Gailhard,**
Me Jehan de **Fabre,**
Bernard **Lavergne,** bourgeois marchand,
Imbert de **Nadal,**
Pierre **Lombard,**
Guilhem **Théobaldy,**
Jehan **Molynié.**

1493.

Thomas de **Lalande,**
Jehan de **Gailhet,**
Pierre **Dòlard,**
Jehan de **Bézat,**
Estienne **Tapie,**
Pierre de **Guilhomasse,**
Imbert de la **Viguery,**
Marty **Chabrié.**

1494.

Bernard **Lombard,**
Pierre d'**Estrades,**
Robbert **Arbricombe,**
Pierre de **Gailhard,**
Jehan de **Batz,**
Philibert **Tapie,**
André de **Maurinhac,**
Jehan de **Brucelles.**

1495.

Jehan de **Godailh,**
Marty de **Ruppama,**
Pierre **Molynié,**
Marc de **Goutz,**
Albert **Durand,**
Poy **Rollandy,**
Jehan **Daurée,**
Arnauld Bernard de **Figuepal.**

1496.

Marty de **Gailhard,**
Pierre **Lombard,**
Robbert **Leguet,**
Bernard **Lavergne,**
Imbert **Nadal,**
Jehan **Molynié,**
Bernard de la **Viguerye,**
Nadal **Durand.**

1497.

Thomas de **Lalande**,
Jehan **Guilhet**,
Jehan **Bézat**,
Estienne **Tapie**,
Noble Bernard **Alphéry**,
Pierre **Ozillis**,
Arnauld de **Pujols**,
Pierre **Robberti**.

1498.

Bernard de **Las**,
Pierre d'**Estrades**,
Robbert **Arbricombe**,
Jehan de **Batz**,
Pierre de **Gailhard**,
Jehan de **Brucelles**,
Pierre de **Ruperia**,
Philibert **Tapie**.

1499.

Martial de **Courtète**, juge ordinaire,
Lou Seignou Jean de **Godailh**,
Marty du **Rupaire**,
Marc de **Goutz**,
Pierre **Molynié**,
Arnauld d'**Aulx**,
Guilhem **Théobaldy**,
Guilhem **Durand**.

1500.

Caprasy de **Cassignas,** licencié es-droits.
Pierre **Lombard,**
Pierre **Leguet,** licencié es-lois,
Bernard de **Lavergne,** bourgeois et marchand,
Bernard de la **Sigurie,** dit del Lot,
Durand **Céré,**
Guilhem de **Curtibus,** notaire,
Arnaud de **Nugues,** dit Fauvel.

1501.

Dominus Thomas de la **Lande,**
Johannes de **Guilhet,**
Johannes de **Bezat,**
Martinus de **Gailhard,**
Arnaldus de **Pujols,**
Martinus **Chabrity,**
Petrus **Robberty,**
Bernadus de **Portes.**

1502.

Pierre d'**Estrades,**
Jehan de **Godailh,**
Robert **Arbricombe,**
Pierre de **Gailhard,** bourgeois et marchand
Jehan de **Lotz,**
Jehan de **X.,**
Nadal **Durand,**
Simon de **la Mothe.**

1503.

Bernard **Lombard,**
Lucas de la **Fosse,**
Marc de **Goutz,**
Pierre **Molynier,**
Martin de **Ruppere,**
Arnauld d'**Aulx,**
Alain **Viguié,**
Pierre de **Riparia.**

1504.

Martial **Courtète,** docteur en droit.
Bernard de **Lard,**
Robbert **Lignety,**
Bernard **Lavergne,**
Bernard de la **Sigurie,** dit del Lot,
Marc **Rappin,**
Anthony **Riparia,**
Pierre du **Bédat.**

1505.

Thomas de **Lalande,**
Pierre **Lombard,**
Jehan **Guilhet,**
Gilys de **Lapalme,**
Guilhem **Théobaldy,**
Pierre de **Bézat,**
X. **X.,**
Imbert **Rappin.**

1506.

Pierre d'**Estrades**,
Jehan de **Bézat**,
Jehan de **Bosq**,
Pierre **Gailhard**,
Jehan de **Fano**,
Simon **Groussoles**,
Arnaud **Nuguès**, dit Fauvet.
Pierre **Joly**.

1507.

Robbert de **Las**, docteur
De **Godailh**,
Robbert **Arbricombe**,
Martin de **Gailhard**,
Marc de **Goutz**,
Martin de **Riparia**,
Alain **Viguié**,
Jehan **Théobaldy**.

1508.

Robbert **Lognac**,
Bernard de la **Sigurie**,
Pierre **Molynié**,
Arnauld de **Lengier**,
Marc **Rappin**,
Anthoine de **Riparia**,
Jehan **Daurée**,
Simon de **la Mothe**.

1509.

Les consuls de 1508, furent conservés en 1509.

1510.

Thomas de **Lalande,** licencié en droit,
Pierre **Lombard,**
Jehan de **Guilhet,**
Gilis de **Lapalme,**
Pierre **Nazères,**
Bernard des **Portes,**
Pierre lou **Bédat,**
Jehan **Grand,** marchand.

1511.

Les mêmes furent maintenus en 1511.

1512.

Marc de la **Sigurie,** licencié,
d'**Estrades,**
Jehan de **Goutz,**
Pierre de **Gailhard,** bourgeois et marchand,
Jehan **Chabrity,**
Pierre **Roberty,**
Pierre **Follye,**
Nicolas **Regnaudeau.**

1513.

François de LAROCHEFOUCAULD d'ESTISSAC, sénéchal.

Géraud de **Lalande**,
De **Godailh**,
Bernard de **Nazères**,
Robbert **Arbricombe**,
Marc de **Goutz**,
Jehan **Théobaldy**,
Alain **Viguié**,
Nataly sieur de **Nadal**.

1514.

Mêmes consuls qu'en 1513.

1515.

Jehan d'**Estrades**, lieutenant criminel,
Robbert **Legevey**,
Bernard de la **Viguerye**,
Arnaud de **Pujols**,
Marc **Tapio**, bourgeois et marchand,
Simon de **Mothes**,
Marc **Lavergne**, marchand,
Jacques d'**Autonne**.

1516.

Les mêmes que précédemment.

1517.

Pierre de **Lombard,** sieur de Buscou,
Jehan de **Leygue,** seigneur de Castella.
Pierre de **Nazères,** sieur de Bézat,
André de **Vigulé,**
Pierre du **Bédat,**
Jehan Bernard **Lacombe,**
Anthoine **Busteronis,**
X. **X.**

1518.

Arthur de CASSÉ de GONOR, sénéchal.

Les mêmes consuls qu'en 1517.

1519.

De RUY GOYON, sénéchal.

Pierre de **Nazères,** sieur de Bezat,
Jehan **Chabrity,**
Jehan **Grand,** bourgeois et marchand,
Jehan de la **Grange,** procureur,
Guillaume **Imbert,**
Jehan de la **Salle,**
Pierre de **Pujols,**
Pierre **Lucyane.**

1520,

François RAFFIN dit POTHON seigneur de Puycalvary, sénéchal.

Géraud **Lalande,**
Nataly sieur de **Nadal,**
François de **Sérignac,**
Marc **Rappin,** bourgeois et marchand,
Alain **Viguié,**
Anthoine de **Riparia,**
Nicolas **Regnaudeau,**
Sans des **Portes.**

1521.

Robbert **Leguet,**
Bernard de la **Viguerye,**
Florimond **Amire,**
Pierre **Daurée,** licencié en droit,
Pierre **Secondat,** trésorier d'Albret,
Marc **Lavergne,** bourgeois et marchand,
Jacques d'**Antônio,**
Martial de **Nort.**

De la Viguerie et Secondat refusèrent le consulat.

1522.

Jehan d'**Estrades,** licencié en droit,
Pierre de **Nazères,** sieur de Bézat,
Jehan **Théobaldy,** bachelier en droit,

Arnauld de **Pujols,**
Florens **Lombard,**
Pierre **Dubedat,**
Pierre **Jullya,**
Christophe de **Mothes**, notaire.

1523.

Les mêmes consuls qu'en 1522.

1524.

Nicole de **Nadal,** lieutenant,
Jehan Bernard **Lacombe,**
Oddet **Viguyé,** bourgeois,
Jehan **Lombard,**
Pierre **Daurée,** licencié ès-lois,
Jehan **Grand,** bourgeois et marchand,
Anthoine **Gilis,** marchand,
Jehan dit **Jeannot,** de Seryer.

1525.

Les mêmes qu'en 1524.

1526.

Pierre de **Nazères,** licencié ès-droits,
Marc **Tappio,** bourgeois et marchand,
Alain **Leguey,**

Anthoine **Tort,**
Jehan **Chabrity,** bachelier ès-droits,
Bernard de **Courtète,**
Pierre de **Pujols,**
Pierre **Recluts,** notaire.

1527.

Les mêmes qu'en 1526.

1528.

Jehan de **Goutz,** juge ordinaire au sénéchal,
Robbert **Leguet,**
François de **Sevinhac,**
Pierre **Daurée,** licencié en droit,
Martial de **Nort,** bourgeois et marchand,
Bernard de **Bezis,**
Guilhem **Michot,** dit Ferrou, marchand.

Ces élections contestées par Maitre Pierre Brucelles, furent cassées par Henri d'Albert, gouverneur de Guyenne. Il fut procédé à de nouvelles qui appelèrent au consulat :

Florimond **Ouvré,**
Florimond **Molinéry,** licencié et advocat,
Marc **Lavergne,**
Pierre **Brucelles,**
Arnaud du **Pin,**
Guilhaume **Imberty,** notaire,
Jacques de **Vaurs,** marchand,
Hector **N.**

1530.

Jehan de **Goutz,**

François **Laviguerie,**

Florens **Lombard,**

Jehan **Orlhiacy,** docteur en médecine,

Pierre **Redon,** lieutenant en la sénéchaussée,

Pierre **Delpech,**

Bernard **Serres,**

Pierre **Perny,** notaire.

1531.

Les mêmes qu'en 1530. — La peste et la famine ravagèrent l'Agenais. Orlhiacy resta seul des consuls d'Agen, pour administrer la ville.

1532.

Marty de **Las,** procureur du Roy,

Robbert de **Godailh,** trésorier,

Jules de **Lescale,** médecin,

Martial de **Nort,** bourgeois et marchand,

Jehan **Bordini,** notaire,

Jehan **Mausiorty,** procureur,

Bertrand de **St-Projet,** notaire,

Pierre **Albert,** procureur.

1533.

Les mêmes qu'en 1532.

1534.

Jehan **Lombard,**
Pierre **Fabry,** conseiller,
Pierre des **Ruppéré,** conseiller,
Jehan de **Nazères,** dit de Bézat,
François **Tappio,** marchand,
Artiguelong,
Jehan **Fiquepal,**
Pierre de **Guilhomasse,**

1535.

Pierre de **Nazères,**
Florent **Lombard,**
Pierre du **Bedat,**
Anthoine **Tort,** (se fait excuser)
Hellias **Duperier,**
Gailhard **Dallo,**
Gilbert **Pyot,**
Pierre **Pagezy.**

1535.

Le manuscrit de Daurée porte une variante et indique pour consuls :

Marc **Tapies,**
Pierre **Daurée,** assesseur au tribunal de la ville,
Guilhem **Michel,**
Pierre du **Pin,**

Jehan **Briancourt**,
Estienne **Légeri**,
Pierre **Chéza**,
Anthoine **Tort**, qui n'accepta pas.

1536.

La Jurade, prenant en considération l'importance des procés en instance et d'autres affaires graves décida de maintenir en fonction les consuls de 1535. Leur juridiction s'étendait alors sur 27 paroisses.

Il y eut une sécheresse extrême qui ruina les récoltes.

1537.

Jehan de **Goth**, licencié en droit,
Jehan Bernard de **Lacombe**,
Oddet **Viguié**, bourgeois,
Amanieu **Perillier**, médecin,
Guilhem **Laurisès**, bachelier,
Barthélemy **Barba**,
Jehan de la **Ville**, marchand,
Jehan **Desprat**, marchand.

1538.

Florimond **Ouvré**,
Pierre de **Nazères**, dit de Bézat,
Jacques de **Vaurs**, bourgeois et marchand,
Jehan **Mausiorty**,

Bertrand **St-Projet**, bourgeois,
Alain de **Lavergne**,
Pierre **Alboty**, notaire,
Bernard **Cazanove**, notaire.

1539.

Jehan **Lombard**,
Thomas **Sevin**, trésorier d'Albret,
Pierre **Daurée**, juge assesseur,
Pierre **Arcet**, licencié advocat.
Martial de **Nort**, bourgeois et marchand,
François **Tappie**, bourgeois et marchand,
Jehan **Ficquepal**,
François de **Costa**, procureur.

Le livre de raison de Daurée de Prades prétend que ces consuls restèrent deux ans en fonction ?

1540.

Pierre **Fabry**, conseiller,
Jacques de **Vaurs**, bourgeois et marchand,
Amanieu **Perillier**, médecin,
Guilhem **Lauriston**, bachelier,
Alain **Lavergne**,
Jehan de la **Ville**, bourgeois et marchand,
Jehan **Desprat**, bourgeois et marchand,
Jehan de la **Grange**, procureur.

A partir de 1541 les élections ne se font plus par gaches, c'est-à-dire par quartiers.

1542.

Pierre de **Nazères**, dit de Bézat Vital,
Oddet **Viguié**, bourgeois,
Jehan **Nazères**, dit de Bézat L.,
Pierre **Raymond**,
François **Cahuzières**, licencié advocat,
Guilhem **Loubatery**, licencié advocat,
Gélibert **Borguignon**, notaire,
Pierre de **Cessac**, notaire.

1543.

Pierre **Fabry**, conseiller,
Jacques de **Vaurs**,
Amanieu **Perillyer**, médecin,
Guilhem **Laurisesque**, bachelier,
Alain **Lavergne**, bourgeois.
Jehan la **Ville**, marchand,
Jehan **Desprat**, bourgeois,
Jehan de la **Grange**, procureur.

1544.

Les mêmes qu'en 1543.

1544.

Le manuscrit de Daurée indique pour consuls de cette année :

Pierre **Daurée,**
Pierre de **Redon,** lieutenant du sénéchal,
Anthoine de **Broa,**
Jacques **Gaucher,**
Jehan **Bordony,** notaire,
Jehan **Lafargue.**

Les membres de cette élection furent cassés à Bordeaux, à l'exception de Jehan Lafargue.

1545.

Pierre de **Nazères,** conseiller,
Jehan **Fonfrède,** licencié advocat,
Jehan **Bordony,** notaire,
Bertrand de **St-Projet,** bourgeois,
Pierre **Talbot,** notaire,
Gelibert **Pyot,** procureur,
Jehan de **Lafargue,** procureur,
Pierre **Terrere,** marchand.

1546.

Pierre de **Redon,** lieutenant,
Pierre de **Ruppéré,** conseiller,
Léonard de **Galz,** conseiller,

François de **Costa,** procureur,
Jehan de la **Ville,** bourgeois marchand,
Guilhem **Delpech,** bourgeois marchand,
Arnaud **Dupont,** procureur.

Un édit du Roy défendit d'élire pour consuls des gens de robe (1546).

1547.

Pierre **Daurée,** juge assesseur de la ville,
Bouny **Dulaurens,** trésorier du domaine,
Yves **Dartigalobo,** advocat,
Martial **Merle,** médecin,
Bernard **Railhac,** licencié ès-lois,
François **Aguiret,** notaire,
Jehan **Lobelhac,**
Pierre **Vergnes,** marchand.

1548.

François d'**Estrades,** lieutenant criminel, (s'excusa par suite de l'édit du roy),
Martial de **Nort,** bourgeois et marchand,
Jehan **X.,**
Pierre **Théobald,**
   Giraud, advocat, (mort l'année de son consulat)
Guilhem **Loubatery,** advocat,
Jehan de **Lagrange,** procureur,
Bernard **Cézun,** notaire.

1549.

Les mêmes qu'en 1548. Ils firent construire la tour de la grande horloge pour régler les heures d'une manière uniforme.

1550.

Les élections eurent lieu le 18 juin.

Amanieu **Perillier**, docteur médecin.
Jehan **Desprat**, bourgeois,
Bertrand de **Godailh**, bourgeois,
François du **Bernay**, marchand,
Guillaume **Seré**, marchand,
Benoit **Domeyn**, marchand,
Guillaume **Terrier**, marchand,
Pierre **Martefon**, marchand.

1551. — 15 mars.

Pierre **Daurée**, juge assesseur,
François **Cahuzières**, advocat,
Alem **Lavergne**, bourgeois,
François Florens de **Sérignac**, advocat.
Jehan de **Vergès**, docteur médecin,
Pierre **Terrère**, marchand,
Jehan **Chambon**, procureur,
André **Bording**.

Cette élection fut attaquée à Bordeaux, par Anthoine Broa, syndic de la ville, et Jehan de Laborde, syndic extra muros.

Elle fut maintenue et les poursuivants furent condamnés à 60 livres de dommages-intérêts.

Les consuls de 1551 restèrent en fonction jusqu'au 12 juillet 1552.

Cette même année 1551, le roy Henry II institua les Présidiaux.

Le présidial d'Agen fut composé de 22 membres, les magistrats de ce siège disputèrent les attributions judiciaires aux consuls et finirent par leur enlever leurs anciennes prérogatives à ce sujet.

1552.

Florimond **Ouvré,** licencié ès-lois,
Jacques de **Vaurs,** bourgeois et marchand,
Jehan la **Ville,** bourgeois et marchand,
Gratien de **Roussannes,** licencié advocat,
Philippe de **Bérard,** se démit pour être conseiller au présidial,
Gelibert **Borguignon,** marchand,
Pierre **Lachèze,** procureur,
Géraud **Bécanne,** marchand.

1553.

Les mêmes consuls qu'en 1552.

1554.

Élections du 11 mars, dimanche de la Passion.

Jehan **Fonfrède,** licencié en droit,
Hellie **Tappyo,** seigneur de Monteils,
Jehan **Dugonne,** bourgeois,
Arnaud **Dulac,** licencié ès-lois,

François **Costa,** procureur,
François **Argiret,** notaire,
Géraud **Fortet,** marchand,
Jehan **Corne,** marchand.

1555.

Par lettres patentes d'Henri II, dont le vidimus est aux archives municipales, les consuls à élire furent réduit à 4 et comme 2 des anciens étaient conservés, les consuls en fonctions se trouvèrent au nombre de 6.

Bouny **Dulaurens,** trésorier du domaine d'Agen
Pierre **Baret,** licencié ès lois,
Guilhem **Loubatery,** licencié ès-lois,
Denys **Malescot,** bourgeois et marchand,
Pierre **Cambefort,** bourgeois et marchand,
Saux **Dupin,** licencié ès-lois,
Arnaud **Terrère,** marchand,
Pierre **Lagrange,** procureur,

1556-1557

Les consuls de 1555 furent maintenus.

1558.

Martial de **Nort,** bourgeois et marchand,
Jehan de **Nadal,** enquesteur de la sénéchaussée,
Bernard de **Godailh,** bourgeois, seigneur de Cappoulène,

Guillaume **Seré,** bourgeois et marchand,
Bernard **Chabrity,** advocat,
Anthoine **Laroche,** procureur décédé au mois d'août.

Le frère de Bernard de Godailh, nommé Robbert de Godailh, fut condamné le 8 août 1551, pour crime de concussion, à être pendu et étranglé à Montfaucon.

1559.

Martial de **Nort,**
Jehan de **Nadal,**
Bernard de **Godailh,**
} consuls anciens maintenus

Michel **Boissonnade,** licencié,
Gelibert **Bergoignon,** notaire,
Michel **Cambefort,** marchand,
} nouveaux

Les consuls conservèrent leurs charges deux ans. En 1559, la moitié des consuls de 1558 fut soumis à une nouvelle élection, de telle sorte que tous les deux ans, on élisait, au mois de mars trois consuls, qui prêtaient serment entre les mains des consuls maintenus encore une année.

1560. — 30 mars

Pierre **Daurée,** assesseur à la cour des élus,
Michel **Boissonnade,** advocat,
Gélibert **Bergoignon,** notaire,

Michel **Cambefort,** marchand,
Géraud **Michel,** dit Ferrou, marchand,
Pierre **Bertin,** procureur.

Extrait du livre de raison de Daurée.

« Pour ce que ledit Roy Henry avait faict ung édict qu'il n'y
« avait plus de consulz de robe longue, le 28 juin 1550.

« Par les consulz d'Agen furent obtenues letres dérogatoires au
« dit édict, donant puissance aux dicts consulz de élire de gens de
« robe longue.

« Despuys estant consul maistre Bonet du Laurens et autres ses
« compagnons sans le vouloir des juratz, le 25e de février 1555,
« furent impétrées letres que n'y arait que 4 consuls desquels cha-
« cun an, en demeurerait deux ; toutes foys ne sortirent point leur
« effect; Pour ce qu'il fust advisé que ledit nombre de quatre n'es-
« tait suffizant, furent obtenues autres letres pour en fere six et que
« chacune année n'y aurait élection de troys et que troys l'autre
« année y demeureraient. En date les dictes letres du tiers de Jung
« 1557, les quelles letres furent publiées à Bourdeaulx, le 14 octo-
« bre au dit an.

1561. — 23 mars.

Pierre **Daurée,** juge assesseur, ancien,
François de **Cahuzières,** advocat,
Philippe **Bérard,** licencié ès lois,
Géraud **Michel,** dit Ferrou, ancien.
Pierre **Berty,** procureur, ancien,
Pierre de **Pujols.**

1562.

Ordonnance du Parlement de Bordeaux et ordre de Monluc d'élire aux charges de consuls et Jurats aucune personne accusée ou soupçonnée d'hérésie.

Le 17 avril de cette année, les protestants s'emparèrent d'Agen. Ils firent prisonniers les consuls et les officiers royaux, logèrent chez les catholiques, prêchèrent en présence des chanoines dans la cathédrale, célébrèrent la scène, le jour de Pâques, en l'église de Fyaris, pillèrent 17 chapelles et ne sortirent de la ville que le 13 août suivant.

Etaient consuls en 1562.

François de **Cahuzières,** advocat,
Philippe **Bérard,** advocat,
Nicolas **Michel,** advocat,
Pierre de **Pujols,** bourgeois,
Jacques **Galdemary,** marchand,
Guy de **Miramont,** notaire.

1563.

Martial de **Nort,** bourgeois et marchand,
Jehan de **Nadal,** enquesteur de la sénéchaussée,
Nicolas **Michel,** advocat,
Estienne **Thibaut,** advocat,
Jacques **Galdemary,** bourgeois marchand,
Guy de **Miramond,** notaire royal.

Les consuls alienèrent les hospices Saint-Jacques et Saint-Antoine pour réparer l'hospital des martyrs et y loger 222 pauvres malades et orphelins.

1564.

Martial de **Nort**,
Jehan de **Nadal**,
Estienne **Thibaut**, advocat,
Jehan **Bordini**, advocat,
Pierre **Langelier**, advocat,
Pierre **Sirys**, procureur au présidial.

Le 22 mars 1564, les consuls reçurent le roy de Navarre, qui logea chez Pierre Cambefort, marchand, et puis Charles IX, qui fut hébergé à l'Evêché.

1565. — 8 avril.

Des lettres patentes de Charles IX autorisent l'élection de 6 consuls au lieu de 4.

Pierre **Daurée**,
Jehan **Bordini**, advocat,
Pierre **Angellier**, advocat,
Pierre **Sirys**, notaire procureur,
Jehan **Corne**, bourgeois marchand,
Estienne **Legery**, bourgeois marchand

Les consuls fondèrent un collège dans la maison du refuge des filles repenties. Robert Goudard en fut nommé régent principal.

1566.

Au mois de février 1566, un édit de Charles IX, rendu à Moulins, enlève aux consuls, une grande partie de leur juridiction civile et en fait attribution aux magistrats du présidial.

Il fut publié à Agen, le 2 mai 1566.

Les trois premiers consuls de 1565 furent maintenus.

Le 21 avril, dimanche de Quasimodo furent élus :

>Michel **Boissonnade**, advocat,
>Géraud **Michel**, dit Ferrou, bourgeois,
>Anthoine **Laroque**, notaire royal.

1567.

Michel **Boissonnade**,
Géraud **Michel**, dit Ferrou,
François **Verlene**, advocat,
Jehan **Cambefort**,
Anthoine **Laroque**,
Jehan **Lapoque**, marchand.

1568.

Géraud **Michel**, dit Ferrou,
Jehan **Cambefort**,
Pierre de **Nort**,

Anthoine **Boissonnade,**
Jehan **Cannus,** advocat,
Jehan **Lapoque.**

1569.

François DURFORT de BAJAUMONT, sénéchal.

Pierre de **Nort,**
Anthoine **Boissonnade,**
Pierre **Lavergne,** marchand,
Jehan **Prévost,** marchand,
Jehan **Cannus,** advocat,
Jehan **Pauquet,** marchand.

1570.

Villars remplace Monluc, en qualité de lieutenant général du roy, en Guyenne.

Philippe **Bérard,** advocat,
Pierre **Sirys,** procureur,
Pierre **Lavergne,** bourgeois marchand,
Jehan **Prévost,** bourgeois marchand,
Jehan **Pauquet,** bourgeois marchand,
Bernard **Orlhiac,** procureur.

1571.

Philippe **Bérard,**
Pierre **Sirys,** greffier d'appeaux,
François **Verlene,** advocat,
Estienne **Legery,** marchand,
Bernard **Orlhiac,**
Jacques **Laborie,** trésorier de la ville.

1572.

Villars, nommé amiral, remplaça Coligny massacré à Paris, le 24 août 1572, jour de la Saint-Barthélemy.

François de **Cahuzières,** advocat,
Foucauld **Verlène,** advocat,
Estienne **Legery,** bourgeois-marchand,
Jehan **Orlhiac,** advocat,
Begon **Cornier,** advocat.

Il n'y eut que 5 consuls en fonction. Laborie n'exerça pas.

1573.

Nicolas **Michel,** licencié advocat,
Pierre **Langelier,** licencié advocat,
Jehan **Orlhiac,** licencié advocat,
Jules de **Vaurs,** sieur de Paradoux,
Begon **Cornier,**
Géraud **Lafont,** bourgeois marchand.

1574.

Nicolas **Michel**,
Pierre de **Langelier**,
Julien de **Vaurs**, n'a jamais prêté serment,
Jehan de **Lescazes**, advocat,
Géraud **Lafont**,
Jehan **Gardès**, bourgeois et marchand.

1575.

Michel **Boissonnade**,
Jehan **Cambefort**,
Michel **Maurès**, advocat,
Anthoine de **Laroque**, notaire royal,
Vincent **Bilhon**, procureur,
Bernard **Laborye** ou de la Boyne, notaire royal.

1576.

A partir de cette année, les élections consulaires qui avaient lieu, le dimanche de la Passion sont remises désormais au 1er janvier, en vertu de lettres patentes du roy.

Michel **Cannus**, advocat,
Jehan **Corne**, bourgeois marchand,
Pierre **Berty**, procureur,
Loys **Borguignon**, procureur,
Alain de **Vaurs**, marchand,
Anthoine **Frayssiney**, notaire royal.

1577.

Anthoine **Boissonnade,** n'a pas exercé, étant juge au Présidial,
Estienne **Thibaut,** advocat,
Pierre **Reclus,** advocat,
Laurans **Loubatery,** receveur des tailles,
Jehan de **Vaurs,** marchand,
Arnaud **Aloignac,** marchand.

1578

Jehan de **Lescazes,** advocat,
Jehan **Orlhiac,** advocat, (n'a pas preté serment),
Jehan **Pauquet,** marchand
Bernard **Ducros,** advocat,
Jacques **Langelier,** advocat,
Bernard **Labolbène,** notaire.

1579, 1er Janvier.

Pierre de **Nort,** marchand,
Bégon **Cornier,** advocat,
Jehan **Gardès,** marchand,
Pierre **Pellissier,** procureur,
Pierre **Duperier,** notaire,
Menaud **Verduc,** marchand.

1580, 1er janvier.

Nicolas **Michel,** advocat,
Estienne **Légier,** bourgeois,
Bernard **Laborie,** bourgeois,
Jehan **Daurée,** bourgeois,
Jehan **Lagarde,** advocat,
François **Jauffrion,** bourgeois,

1581.

Jehan **Cambefort,** bourgeois marchand,
Jehan **Orlhiac,** advocat,
Estienne de **Nort,** bourgeois.
Anthoine **Frayssiney,** notaire royal.
Jehan **Mathieu,** advocat,
Simon **Sévignac,** bourgeois.

1582.

La chambre de l'Edit tripartie qui avait été établie à Agen, en 1578 et installé à l'Hôtel-de-Ville, jugea les litiges entre Catholiques et Protestants.

La cour du Présidial lui céda sa place et vint se fixer en face, à la maison Montrevel, où elle a fonctionné jusqu'en 89.

Michel **Boissonnade,** advocat,
Anthoine **Laroque,** notaire, mort le 5 mai 1582.
Loys **Borguignon,** notaire royal,
Guillaume **Malhyer,** marchand,
Estienne **Baulac,** marchand,
Pierre **Chabrière,** procureur.

1583.

Le Mardi, 1er Janvier furent élus.

Jehan **Cannus**, advocat,
Laurens **Loubatery**, receveur des dixmes,
Géraud **Boissonnade**, docteur médecin,
Jehan **Laurisesque**, procureur,
Jacques **Mondonner**, marchand,
Crespin **Trinque**, marchand.

1584.

Pierre de **Nord**, sieur de Naux, bourgeois,
Jacques **Langelier**, advocat,
Pierre **Duperier**, notaire royal,
Jehan **Lapoque**, marchand,
Pierre **Corne**, marchand,
Bertrand **Ferron**, procureur.

1585.

Jehan de **Lescazes**, advocat,
Jehan **Gardès**, bourgeois-marchand,
Alain de **Vaurs**, bourgeois-marchand,
Arnaud **Albignac**, bourgeois-marchand,
Jehan de **Landas**, advocat,
Pierre **Mathieu**, marchand.

1586.

N. de ROUILLA, sénéchal.

Estienne **Nort,** sieur de Franc, bourgeois,
Pierre **Reclus,** advocat,
Armand de **Sevin,** advocat, et puis président au Parlement de Toulouse. Rayé le 20 aoùst 1589, du livre de la Jurade, pour avoir combattu contre les Agenais dans les rangs de l'armée de Turenne.
Bernard **Gardès,** marchand,
Michel **Baulac,** procureur,
Pierre **Pourcharesses.**

1587.

Pierre de PEYRENEUVE SAINT-CHAMARAND, sénécha..

Laurens **Loubatéry,** receveur des dixmes,
Jehan **Daurée,**
Jehan **Lagarde,** advocat,
Crespin **Trinque,**
Alem de **Lobèjac,** greffier au présidial,
Damiens **Despers,** bourgeois.

Jehan **Cambefort,** bourgeois marchand,
Bernard **Ducros,** advocat,
Bernard **Labolbène,** bourgeois,
François **Jauffrion,** marchand,
Anthoine **Carjolles,** procureur au présidial,
Jean **Amay,** notaire.

1489.

Michel **Boissonnade**, advocat,
Pierre **Duperier**, notaire royal,
Charles de **Redon**, sieur de Tort,
François de **Montmejean**, advocat,
Jehan de **Foix**, marchand,
Bernard **Pelissier**, procureur. Fut député à Toulouse et obtint pour la défense d'Agen 2.000 hommes et 500 chevaux.

1590.

Les partisans de la religion prétendue réformés sont rayés du livre de la Jurade.

Jehan de **Lescazes**, advocat,
Loys **Borguignon**, procureur, (décédé en mars 1590).
Julien de **Cambefort**, sieur de Selve,
Jehan **Duperiay**, marchand,
Arnaud de **Lisse**, marchand,
Arnault **Roussel**, notaire royal.

1591.

Jehan **Cannus**, advocat,
Arnauld **Albignac**, marchand,
Crespin **Trinque**, marchand,

Jehan **Mathieu,** advocat, mort le 5 janvier 1591,
pour la défense de la ville.

Pierre **Mathieu,** marchand,

Jehan **Cayron,** advocat.

1592.

Jehan de **Lagarde,** advocat,

Bernard **Labolbène,** bourgeois,

François **Jauffrion,** bourgeois,

Pierre **Chabrières,** procureur,

Pierre **Prévost,** sieur du Bédat,

Bernard **Toulose,** praticien.

1593.

Laurens **Loubatéry,** receveur des dixmes,

Jacques **Langellier,** advocat,

Guillaume **Mailher,** bourgeois,

Pierre **Pourcharesses,** bourgeois,

Pierre **Domain,** bourgeois,

Jehan **Guiral,** advocat,

1594.

Michel **Boissonnade,** advocat,

Charles de **Redon,** sieur de Tort, allié à la famille
Cambefort.

Jehan de **Landas,** advocat,

Jehan **Amay,** notaire royal,

Pierre d'**Amelin,** docteur en médecine,

Jehan **Gauthier,** marchand.

1595.

Charles de MONLUC et BURIE, bi-sénéchaux.

Bernard **Ducros,** advocat,
Pierre **Duperier,** notaire royal,
Alem de **Vaurès,** bourgeois,
Arnaud **Roussel,** notaire royal,
Géraud **Gardès,** bourgeois marchand,
Guillaume **Maurès,** advocat.

1596.

Jehan de **Lagarde,** juge assesseur de la ville,
Jehan **Daurée,** contrôleur du domaine agenais.
François **Jauffrion,** bourgeois
Jehan de **Foix,** bourgeois, décédé en 1596.
Jehan de **Lescazes,** jeune advocat, décédé en 1596.
Bernard **Cambes,** procureur au présidial.

1597.

Les Jurats déclarent qu'ils ne peuvent élire consul, ni un apothicaire, ni un mangonnier, exception est faite pour les marchands en gros.

Laurent **Loubatery,** receveur décimal,
François **Montméjean,** advocat,
Pierre **Pourcharesses,** bourgeois.

Amanieu de **Lisse,** bourgeois,
Bernard **Verduc,** advocat,
Guillaume **Boyer,** procureur.

1598.

Julien de **Cambefort,** sieur de Selves,
Jehan de **Landas,** avocat,
Estienne **Baulac,** bourgeois et capitaine,
Benjamin de **Lestache,** receveur du taillon,
Florens **Savignac,** greffier d'appeaux,
Jehan **Bienassis,** notaire royal.

1599.

NADAUD, sénéchal.

La jurade décide de n'élire que 3 consuls nouveaux et de maintenir 3 des anciens, à la condition que les consuls sortants ne seront remplacés par aucun de leur parenté jusqu'au 3e degré.

Bernard **Ducros,** advocat,
Pierre **Prevost,** sieur du Bédat, bourgeois,
Jehan **Guiral,** advocat,
Jehan **Tappie,** sieur de Monteil,
Jehan **Fauveau,** greffier d'appeaux,
François **Lafargue,** advocat.

1600.

Jehan **Daureau**, contrôleur des domaines,
Guillaume **Maurès**, advocat,
Michel **Baulac**, procureur,
Joseph **Delas**, sieur de Gayon,
Claude **Allot**, trésorier du domaine du roy,
Jehan **Vigouroux**, docteur en médecine.

1601.

Laurent **Loubatéry**, receveur décimal,
Géraud **Gardès**, bourgeois-marchand,
Bernard **Pelissier**, procureur,
Géraud **Cadoin**, trésorier du domaine du roy,
Jehan **Paulhin**, advocat,
Estienne **Ratier**, procureur au présidial.

Le Parlement de Bordeaux annula l'élection de Loubatéry et Cadoin, à cause du degré de parenté. Le 1er fut remplacé par François Jauffrion et le 2º par Pierre Dumoulin, docteur médecin.

1602.

Laurent **Loubatéry**,
Jehan de **Landas**, advocat,
Bernard **Cadoin**, ancien trésorier du domaine,
Jehan **Cambefort**, sieur de Lamothe Bézat,
Raymond **Cannus**, docteur médecin,
Mathurin **Ardé**, receveur du taillon.

1603.

Bernard **Ducros**, advocat,
Alem de **Vaurs**,
Arnaud **Roussel**, notaire royal,
Jehan **Fauveau**, greffier d'appeaux,
Anthoine **Raymond**, advocat,
Anthoine **Buard**, marchand.

1604.

Jehan Paul d'ESPARBÈS de LUSSAN, sénéchal.

Julien de **Cambefort**, sieur de Selves,
Jehan de **Foix**, marchand,
Bernard **Berduc**, advocat,
Guillaume de **Sevin**, advocat,
Estienne **Corne**, commissaire de l'artillerie,
Jehan **Chastillet**, procureur.

1605.

Joseph **Delas**, sieur de Gayon,
Estienne **Baulac**, capitaine,
Jehan **Lafargue**, advocat,
Jehan **Gauthier**, bourgeois,
Pierre **Juge**, marchand,
François **Arnoux**, marchand.

Le 12 janvier 1605, le Parlement de Bordeaux cassa, sur la demande du maréchal de Matignon, les élections d'Estienne Baulac et de Jean Gauthier. Une seconde élection les remplaça par :

1° Pierre de **Secondat**, sieur de Roques,
2° Florens de **Sévignac**, greffier d'appeaux.

1606.

Guillaume **Maurès**, syndic du pays d'Agenois,
Claude **Allot**, trésorier du domaine du roy,
Jehan **Bienassis**, notaire royal.
Pierre de la **Tour**, sieur de Fontirou,
Géraud de **Lescazes**, advocat,
Jehan de la **Boude**, procureur.

1607.

Géraud **Gardès**, bourgeois, décédé le 5 mai 1607,
Jehan **Gauthier**, sieur de Labastide,
Bernard **Cambes**, procureur,
Géraud **Grimard**, advocat,
Amanieu **Ducros**, advocat,
Bernard **Corne**, marchand.

1608.

Charles de **Redon**, sieur de Tort,
Estienne **Baulac**, capitaine,
Jehan **Vigouroux**, docteur en médecine,

Jehan **Gardès,** marchand,
Jehan **Sabaros,** docteur en droit,
Jehan **Duluc,** docteur en médecine.

1509.

Jehan de **Landas,** advocat,
Jehan **Guiral,** advocat,
Anthoine **Buard,** marchand,
Pierre de **Rance,** sieur de Plaisance,
Jehan **Roques,** capitaine,
Pierre **Delpech,** marchand,

1610.

François **Jauffrion,** bourgeois,
Bernard de **Berduc,** docteur en droit,
Bernard **Pelissier,** procureur,
Alain de **Las,** sieur de Brimont,
Guillaume **Boissonnade,** procureur,
Hector **Laffage,** trésorier de la ville.

1611.

Guillaume **Sevin,** sieur de Lagarde.
Anthoine **Raymond,** advocat,
Mathurin **Arde,** bourgeois,
François d'**Estrades,** sieur de Bonneil,
Jehan **Singlande,** advocat,
Jehan **Labonde,** ancien procureur.

1612.

Guillaume **Maurès**, docteur et advocat,
Raymond **Cannus**, docteur en médecine,
Pierre **Juge**, marchand,
Bernard **Cambefort**, bourgeois,
Michel **Seré**, marchand,
Arnaud **Laborie**, marchand.

1613.

Joseph **Delas**, sieur de Gayon,
Pierre **Prévost**, sieur du Bédat,
Gratien de **Goudailh**, sieur d'Arrasse,
Bernard **Corne**, bourgeois-marchand,
Bernard **Douazan**, advocat,
Jehan **Vaquier**, marchand.

La Jurade choisit 12 de ses membres pour connaitre et vider les différents qui s'élevaient entre les nouveaux et les anciens consuls.

1614.

Julien de **Cambefort**, sieur de Selves,
Arnaud **Roussel**, notaire royal,
Jehan **Duluc**, docteur en médecine,
Anthoine **Raignac**, advocat,
Jehan **Tourtonde**, advocat,
Pierre **Gardès**, marchand.

Le duc de Roquelaure, Gouverneur de Guyenne, confirma les élections.

1615. — 1ᵉʳ Janvier.

François d'ESPARBES de LUSSAN, sénéchal, fit son entrée solennelle, le 4 novembre 1616.

Jehan **Daurée**, contrôleur des domaines du roy,
Jehan **Poullin**, advocat,
Jehan **Chastellet**, procureur,
Charles **Pinson**, advocat,
Durand **Dulaurens**, procureur,
Augustin **Besson**, marchand.

1616.

Jehan de **Lescazes**, juge au présidial,
Jehan de **Sabaros**, advocat,
Anthoine **Buard**, marchand,
Guillaume **Dubourg**, receveur des tailles,
Jacques **Singlande**, procureur,
Pierre **Barilhard**, marchand.

1617.

François d'**Estrades**, sieur du Bonneil,
Bernard **Berduc**, advocat,
Jehan **Faveau**, greffier d'appeaux,

Florimond de **Loubatéry,** lieutenant assesseur,
Jehan **Ferran,** advocat,
Pierre **Sollacq,** procureur.

1618.

Jehan de **Landas,** advocat,
Géraud de **Lescazes,** advocat,
Michel **Baulac,** procureur,
Jehan **Boudon,** sieur de Saint-Amans,
Estienne **Cargole,** advocat,
Pierre **Lassort,** procureur au présidial

Le Roi et le Parlement de Bordeaux confirmèrent les élections

---

1619.

Pierre de **Latour,** sieur de Fontirou,
Géraud **Grimard,** advocat,
Bernard **Pelissier,** bourgeois,
Jehan de **Filartigues,** sieur de Gueyze,
Bernard **Defaure,** advocat,
Pierre **Girles,** marchand.

Le Parlement de Bordeaux annula l'élection du sieur Belcastel.

1620.

ierre de **Secondat,** sieur de Roques, maître d'hôtel du roy.

Amanieu **Ducros,** advocat,

Bernard de **Cambes,** procureur,

Jehan de **Béchon,** ancien conseiller au présidial,

Anthoine **Boissonnade,** advocat,

Jehan de **Monfous,** advocat.

Le Parlement de Bordeaux annula l'élections des sieurs de Roques et du Lion de Belcastel, parents au degré prohibé.

1621.

Delas de **Gayon,** gentilhomme,

Douhazan, advocat,

De la **Boude,** jeune, procureur,

De **Baulac,** advocat,

De **Langelier,** advocat,

De **Cadoing,** receveur du taillon.

Le Parlement de Bordeaux défend à la chambre de l'Edit de connaitre des élections consulaires.

1622.

Julien **Cambefort,** sieur de Selves,

Pierre **Delpech,** marchand,

De **Laborde,** advocat,

Bernard **Corne,** bougeois-marchand,

Lavergne, advocat,

Bernard **Berduc,** advocat.

1623.

Le Marquis d'AUBETERRE, sénéchal.

Florimond **Loubatéry,** ancien assesseur au Présidial,
Jacques **Singlande,** advocat,
Jehan **Vaquier,** bourgeois de la porte du Pin.
Jacques de **Cortete,** sieur de Cambes et de Prades.
Jehan **Daurée,** advocat,
Guillaume **Maurès,** advocat

1624.

De **Las,** sieur de Brimont,
Géraud de **Lescazes,** syndic du pays,
Durand **Dulaurens,** ancien procureur,
Deschamps, gentilhomme,
Ratier, advocat,
Dugarcin, bourgeois.

1625.

De **Rance,** sieur de Plaisance,
De **Raignac,** advocat,
Jehan **Chastellet,** ancien procureur,
De **Belcastel,** gentilhomme,
De **Bienassis,** advocat,
De **Ratéry,** advocat.

1626.

Guillaume **Duburg,** receveur du taillon,
De **Ferran,** advocat,
Anthoine **Boissonnade,** procureur,
Le Chevalier de **Sevin,** (alias le chevalier de Xaintrailles.)
Bienassis, advocat, (alias Gontas, médecin),
Malartic, procureur.

1627.

Gratien de **Godailh,** sieur d'Arasse,
Bernard **Defaure,** advocat,
Lassort, procureur,
D'**Hugues,** sieur de Paradou,
De **Charrière,** advocat,
Chastellet, procureur.

1628.

De **Maurès,** ancien advocat,
Duluc, docteur en médecine,
Anthoine **Buard,** marchand,
Châteaurenard, sieur de Cauzac,
De **Vivès,** advocat,
Méja, procureur au siège présidial.

1629.

Delpech, ancien lieutenant-criminel d'Agen
Corne, bourgeois, ancien marchand,
Lavergne, advocat,
D'**Espalais,** bourgeois,
Daurée, Jeune, advocat,
Vaquier, procureur.

La cruelle et trop mémorable peste, qui ravagea le pays de 1628 à 1631, débuta à Agen, par la mort du conseiller au présidial de Malhoc, le 20 juillet 1628. Pierre Argenton, docteur médecin, originaire de Confolens en Angoumois, rendit les plus éminents services à la population.

Les consuls firent distribuer du bled aux pauvres de la Juridiction et organisèrent tous les moyens de secours.

Les Magistrats quittèrent la ville. Le Présidial fut siéger à Grandfonds, l'Ordinaire à la Table ronde de Foulayronnes et la Chambre de l'Edit, à Bazas.

1630.

Cortète, sieur de Prades,
Maurès, fils, advocat,
Delpech, bourgeois et marchand,
De **Sevin,** sieur de Ganet,
De **Rangouze,** bourgeois,
Jehan, procureur au présidial.

La peste fit moins de victimes en 1630 ; Mais des pluies incessantes ayant fait perdre la récolte, la famine s'en suivit et une mortalité extraordinaire décima la population jusqu'au mois d'août 1631.

1631.

Grimard, advocat,
Ratier, advocat,
Laborde, advocat,
Châteaurenard, de Cauzac, (alias Caussade, gentilhomme),
Corne, ancien marchand, décédé en mars, fut remplacé par Boyer, vieux procureur,
Roussel, médecin.

1632.

De **Poulains,** advocat,
Bienassis, advocat,
Singlande, procureur,
Cortète, sieur de Cambes et de Prades,
Perier, advocat,
Boulogne, advocat.

1633.

Bernard **Defaure,** advocat,
Estienne **Baulac,** advocat, (alias Girles, marchand)

Volac, procureur, (alias Comisat, bourgeois)
De **Poussou,** gentilhomme, (alias Baulac, advocat)
Comisat, bourgeois, (alias de Poussou),
Pierre **Dulaurens,** jeune, procureur.

1634.

D'**Hugues,** sieur de Paradoux, gentilhomme,
Vivès, advocat, (alias Girles, marchand),
Girles, marchand, (alias Grabes, bourgeois),
Lafont, du Cujula, (alias Vivés, advocat),
Saint-Gilis, sieur de Grabes, (alias Lafont gentilhomme),
Leduc, marchand.

1635.

François 2 d'ESPARBES de LUSSAN, sénéchal.

Amanieu **Ducros,** ancien advocat,
Buard, bourgeois-marchand,
Bernard **Méja,** contrôleur des domaines du roy,
De **Landas,**
Bernard de **Grossou,** advocat,
Canal, bourgeois, payeur des gages,

1636.

Géraud de **Lescazes,** syndic d'Agenais,
Bernard **Ferran,** advocat,

Pierre **Delpech**, marchand,
François **Boudon**, sieur de Saint-Amans,
Saint-Gilis, sieur du Bédat,
De **Leygues**, contrôleur des domaines du roy.

1637.

Cortète, sieur de Cambes et de Prades,
Duluc, médecin,
Berducq, advocat,
Peleguignon, gentilhomme,
Champier, receveur des dixmes,
Defaure, marchand.

1638.

Louis d'ESPARBÈS de LUSSAN de LASSERRE, sénéchal.

De **Lescazes**, ancien advocat,
Guillaume de **Rangouze**, (1)
Périer, advocat,
Mussy, receveur du taillon,
Saint-Gilis, jeune, advocat,
Boissonnade, procureur.

---

(1) Rangouze, (Guillaume), 2e consul d'Agen en 1638, s'était marié à Jehanne d'Ancelin de laquelle il eût ;

Joseph de Rangouze, sieur de Beauregard, advocat. Celui-ci épousa le 17 Juin 1657, Irène de Barbier, fille ainée de Claude de Barbier, sieur de la Serre, conseiller à la cour des Aydes de Bordeaux et de Françoise de Redon.

1639.

De **Sevin**, sieur de Ganet,
    Daurée, jeune, advocat,
    Roussel, médecin,
De **Godailh**, sieur d'Arasse,
    Ducros, jeune, advocat,
    Tartas, procureur.

Une lettre d'Henry de Bourbon datée de Paris, le 18 janvier 1639, approuva les élections, sauf celle du sieur d'Arasse.

1640.

De **Faure**, advocat,
De **Lavergne**, advocat,
    Boyer, ancien advocat et procureur,
    Boissonnade, receveur des tailles,
    Messange, advocat,
    Gaucher, advocat.

1641.

Louis de **Lafont**, sieur du Cujula,
Jehan **Daurée**, ancien advocat,
Pierre **Leduc**, intendant des receveurs,
Jehan-Jacques de **Nargassier**, conseiller au Présidial,
Jehan de **Chemillac**, ancien conseiller au Présidial,
Pierre **Reyssac**, procureur au Présidial.

1642.

De **Poussou,** gentilhomme,
De **Vivès,** advocat,
    Solac, procureur,
De **Gueyze,** sieur de Philartigue,
De **Rabanel,** advocat,
    Buard, marchand

1643.

De **Landas,** homme d'armes,
Bienassis, advocat,
Leygue, bourgeois,
Gardès, sieur de Bazignan,
Girles, bourgeois-marchand,
Chambon, procureur.

1644.

Boudon, sieur de Saint-Amans,
Augustin de **Boulogne,** advocat,
Boissonnade, procureur,
Pierre de **Tapie,** sieur de Monteils,
Singlande, médecin,
Jehan **Solac,** bourgeois.

1645.

Il n'y eut pas d'élections.

1646.

De **Maurès,** advocat,
　　Jayan, conseiller en l'Election,
　　Defaure, marchand,
De **Bechon,** homme d'armes,
　　Bourgade, médecin,
Jehan **Gardès,** bourgeois-marchand.

1647.

Géraud **Daurée,** jeune, advocat,
Jacques **Ducros,** advocat,
Pierre Audet **Duc,** intendant des rivières, décédé
　　　　　　　　en octobre 1665,
Sarrau de **Redon,** procureur du roy, en l'élection
Michel de Las **Bordes,** advocat,
Dominique **Dumoulin,** bourgeois et marchand.

1648.

De **Sevin,** sieur de Ganet,
　　Laborde, advocat,
　　Périer, advocat,
　　X., homme d'armes,
　　Lafitte, juge de Sérignac,
　　Baratet, marchand.

1649.

Langelier, ancien conseiller en l'Election,
Concisat, bourgeois,
Girles, bourgeois,
Caussade, gentilhomme,
Lore, conseiller en l'Election,
Descayrac, ancien procureur au présidial.

1650.

Le 11 janvier, le Gouverneur de la province fit procéder aux élections consulaires.

Malartic, président en l'Election,
Saint-Gilis, jeune, advocat,
Buard, marchand,
Guillaume **Douzon,** conseiller en l'Election, mort en 1656.
Gaston de **Secondat,** sieur de Roques,
Arnaud **Segallier,** marchand, décédé en 1673.

1651.

Le Parlement de Bordeaux rendit un arrêt, à la suite du départ du duc d'Epernon, en vertu duquel MM. Malartic et Saint-Gilis étaient rayés du nombre des consuls — six jurats furent chargés de nommer leurs remplaçants et leur choix se fixa sur Defaure et Berducq, advocats.

1651.

Defaure, advocat,
Berducq, advocat,
Chambon, procureur,
Delas de **Brimont,** ancien conseiller aux Aides, mort le 3 octobre 1689,
François **Codoing,** conseiller en l'Election, décédé le 18 octobre 1688,
Gardès, marchand.

Gardès, fut supprimé et remplacé par Boyer, procureur;
Delas de Brimont fut remplacé par Delas de Bienassis, son frère.

1652.

De **Boissonnade,** receveur des tailles,
Méja, contrôleur au Présidial,
Luc **Boyer,** ancien procureur, contrôleur au Présidial, mort le 15 mai 1652,
Anthoine Gabriel **Cunolio,** sieur d'Espalais, assesseur, contrôleur au Présidial, mort le 20 avril 1665,
Jehan **Ducros,** jeune, sieur de la Cassaigne, advocat, mort en 1652.
Jehan **Sabouroux,** docteur en médecine.

1653.

La peste éclata de nouveau dans l'Agenais. Elle fit périr, avec la famine, plus de six mille personnes, notamment 3 consuls plus bas nommés :

1653.

Estienne Delas de **Brimont,** sieur du Buscon, mort en 1653,

Ratier, advocat,

Baratet, décédé en juillet 1653,

Jehan **Laboulbène,** homme d'armes, mort en mai 1653,

Anthoine **Daunefort,** advocat, mort en 1689,

Bernard **Gardès,** marchand.

1654.

De **Mussy,** receveur du taillon,

Saint-Gilis, advocat,

Defaure, marchand,

Jehan de **Sevin,** sieur de Ganet, décédé en 1663,

Baile, advocat,

Jehan **Serres,** marchand, mort en août 1654.

1655.

Maurès, ancien advocat,

Concisat, bourgeois,

Leygues, bourgeois,

Géraud de **Montpezat** de Poussou, sieur de Pechjoly,

Charles de **Raignac,** advocat, mort en 1655,

Jehan Paul **Duluc,** advocat, mort en 1655,

Le 3 février, les élections n'étant pas faites au gré de la Jurade, le 1er consul remplaça Poussou et Raignac par Grimard et Vaquier advocats.

1656.

De **Nargassier**, ancien conseiller au Présidial,
 Champier, receveur des dixmes,
 Solac, bourgeois,
Guillaume de **Philip**, conseiller au Présidial, mort en 1656,
Jehan-Jacques de **Laboulbéne**, docteur médecin, mort le 2 mars 1662,
Pierre **Delerm**, procureur au Présidial.

1657.

Joseph **Delas**, sieur de Mazères,
 Singlande, médecin,
 Boissonnade, procureur,
Pierre **Ducros**, conseiller au Présidial,
Géraud **Ratié**, advocat au parlement,
François **Touton**, juge de Moncaut mort en 1657.

1658.

Pierre de **Tapie**, sieur de Monteils,
 Sabourous, docteur en médecine,
 Chambon, procureur au Présidial,

Jehan de **Gardès**, sieur de Clairet, licencié ès-droits, mort le 2 août 1664,

Michel de **Serrés**, docteur en médecine,

Léonard **Lafont**, bourgeois-marchand,

M. le prince de CONTI rendit la liberté aux élections de 1658.

1659.

Jacques **Ducros**, advocat,

Ducros, sieur de La Cassaigne,

Leduc, bourgeois et marchand,

Caprais **Delas**, sieur de Lamothe, décédé en 1659,

Claude **Genevois**, bourgeois-marchand, mort en 1659,

François **Fabry**, bourgeois, secrétaire de Mgr d'Agen.

Fabry contesta à Genevois le 5e rang et n'eut pas gain de cause.

1660.

De **Lartigue**, sieur de Gueyze,

De **Girles**, advocat,

Bernard **Gardès**, marchand,

François de **Boissonnade**, escuyer, sieur de la Garenne, décédé le 29 mai 1697,

Henry **Gibert**, advocat au parlement de Bordeaux,

Sire Claude **Aymon**, marchand.

1661.

Estienne Las **Bordes**, advocat, décédé le 1er Juin 1697,

De **Raignac**, advocat,

Cigallié, marchand,

Laborde, advocat, gendre de M. Maurès,

Jehan **Cancer**, advocat à la cour,

Anthoine **Murailhe**, greffier en chef en l'Election

1662.

De Montpezat de **Poussou**, sieur de Pechjoly,

Duluc, advocat,

Defaure, marchand,

Jehan **Sarrau**, greffier en chef au Présidial,

Anthoine **Ducros**, médecin mort le 7 juillet 1674,

Anthoine **Bayon**, bourgeois-marchand.

Les élections furent cassées par lettres de cachet du Roy et les secondes qui se firent le 17 mars, donnèrent les charges de consuls aux personnes ci-dessus.

1663.

Joseph **Delas**, sieur de Nazères,

Singlande, docteur en médecine,

. . . .

Laurent de **Redon,** ancien procureur du roy,

Anthoine **Sabaros,** advocat,

Bernard **Bergis,** bourgeois marchand.

1664.

Saint-Gilis, advocat,

....

....

Jehan de **Chamillacq,** advocat au Parlement, mort le 29 septembre 1678,

Renaud Bernard **Monier,** advocat au Parlement, décédé le 6 mars 1693,

François **Ledouble,** bourgeois, mort le 10 juillet 1664.

1665.

Caprais **Delas,** sieur de Lamothe,

Jehan **Sabourous,** docteur en médecine,

Jehan **Solar,** bourgeois,

De **Lafont,** sieur de Cujula,

Daurée, sieur de Lamothe, advocat,

Paul **Bissière,** greffier à la cour des Aydes, mort le 13 octobre 1673.

1666.

Jehan Philippe **Daurée,** procureur au Présidial, décédé le 7 juin 1726, à 95 ans,

Daunefort, avocat au Parlement,

Laurent de **Lafont,** sieur du Cujula, mort le 7 septembre 1709,

Joseph de **Rangouze,** sieur de Beauregard, receveur des dixmes, mort en juillet 1692,
Anthoine **Defaure,** bourgeois et marchand,
Jehan **Fleury,** bourgeois et marchand.

1667.

Ducros, advocat au Présidial,
Gibert, advocat au Présidial,
Estienne de **Nargassier,** sieur de Lage, escuyer
Jehan de **Lavergne,** advocat,
Guillaume **Mascard,** sieur de Duc, bourgeois, décédé en juillet 1668.

1668.

Jehan **Sarrau,** greffier en chef au Présidial,
Duluc, advocat,
Anthoine **Murailhe,** greffier en chef de l'Election
Joseph de **Lescale,** de Veronne, mort le 30 septembre 1693,
Joseph **Chastellet,** décédé le 30 janvier 1676.

1669.

Joseph **Delas,** sieur de Nazères,
Jehan de **Raignac,** advocat,
Jehan **Fabry,** juge de la ville,

Michel de **Cunolio**, sieur de la Garrigue, advocat,
Anthoine **Bissière**, id.
Bernard **Bru**, libraire, le 1er de cette profession porté en charge.

1670.

....
....
....

Jehan Jacques **Vignes**, conseiller au Présidial,
Jehan **Leydet**, advocat, secrétaire des consuls,
Jehan **Lafage**, bourgeois, mort en juillet 1690.

1671.

....
....
....

Pierre **Latour**, sieur de Fontirou, escuyer,
Alexandre de **Cambes**, sieur de Domay,
Raymond **Monbeq**, procureur au Présidial, mort en 1694.

1692.

....
....
....

Pierre **Lucianet**, bourgeois,
Jehan **Chabrié**, docteur en médecine,
Jehan **Cartou**, bourgeois et marchand.

1673.

Bertrand de **Saint-Gilis,** advocat au Présidial,
Jehan de **Chamillacq,** advocat au Présidial,
Claude **Aymond,** bourgeois et marchand,
François de **Carbouneau,** sieur des Anges, escuyer,
Jehan **Sallat,** procureur du roy en l'Election,
Jehan **Flouret,** bourgeois.

1674.

Ducros, conseiller au Présidial,
Daurée, advocat,
Lafont, marchand,
Joseph **Daunefort,** avocat au Parlement,
Jehan **Clarens,** procureur au Présidial,
Jehan **Brousse,** procureur au Présidial, mort en 1694.

1675.

Jehan de **Sarrau,**
Jehan **Girles,** advocat,
Pierre **Defaure,** marchand,
Florimond d'**Hallot,** escuyer,
Bernard **Lagarde,** bourgeois-marchand, décédé le 16 janvier 1694,
Pierre **Bénech,** notaire royal.

1676.

Joseph **Delas,** sieur de Nazères,
Pierre **Vacquié,** advocat,
Jehan **Touton,** juge de Moncaut,
Jehan **Baulac,** juge au Présidial,
Jehan **Cartou,** procureur du roy en l'Ordinaire
Laurens **Laclaverie,** marchand grossier.

1677.

Marc Anthoine de **Margassier,** sieur de Leygue,
Gibbert, advocat au Parlement,
Lafage, marchand,
Armand de **Sevin,** sieur de Ganet,
Martial de **Flouret,** advocat au Parlement,
Anthoine **Martin,** marchand grossier, décédé le 23 novembre 1677.

Jean de Bienassis, advocat au Parlement, remplaça le 29 novembre, Anthoine Martin qui, avait été nommé consul, à la prière de l'Ambassadeur d'Angleterre. Mylord Duras avait auprès de lui le frère de Martin, en qualité de chirurgien.

1678.

Ducros de la Cassaigne, advocat,
Ratier, advocat,
Bernard **Bru,** libraire,

De **Lisle,** de Bressoles, sieur de Lagrange,
Anthoine **Muraille,** advocat,
Delmas, advocat.

1679.

François de **Boissonnade,** sieur de la Garenne,
Chabrié, médecin,
De **Lucianet,** ancien lieutenant d'infanterie (Hollande)
Jehan de **Caillabouet,** président en l'Election,
Arnaud **Dubernard,** advocat en parlement,
Raymond **Andrieu,** bourgeois-marchand.

1680.

Un arrêt du conseil d'Etat ordonne de procéder aux élections de 3 consuls le 15 septembre.

Sabourous, docteur en médecine,
Duluc, advocat,
Cartou, marchand,
Bernard **Defaure,** sieur de Lagarde,
François **Grossou,** advocat au Parlement,
Guillaume **Lacroix,** advocat au Parlement.

1681.

De **Rangouze,** sieur de Beauregard,
Jehan Géraud **Gautié,** advocat,

15 septembre 1681

Joseph **Champier**, receveur des dixmes,
Denis **Peynie**, bourgeois marchand, mort le 7 juin 1693,
Pierre **Bissière**, procureur au Présidial,

....

1682.

Jehan **Ratier**, advocat au Parlement,
Jehan **Cartou**, procureur du roy en l'Ordinaire,
Jacques **Serres**, bourgeois et marchand,

15 septembre

Bonaventure **Sabourous**, docteur en médecine mort le 24 février 1694,
Jehan-Baptiste **Costas**, bourgeois,
Charles **Chabassier**, procureur, décédé le 15 juillet 1695.

1683.

Daurée, advocat,
Jehan **Lamer**, advocat,
Bienassis, advocat,

15 septembre

Jehan de **Lescaze**, escuyer,
Anthoine **Dulaurens**, advocat,
Jehan **Bory**, marchand drapier.

1683.

Jehan Sylvestre de DURFORT, Marquis de BOISSIERES, sénéchal,
Il fit son entrée à Agen en 1684.

1684.

Pierre de La **Tour**, sieur de Foutirou,
Bissière, advocat,
Gautier, advocat,

15 septembre

Jacques de **Montpezat**, sieur de Poussou et de l'Estelle,
Hugues **Miquel**, docteur médecin, mort le 8 septembre 1692,
Anthoine **Campmartin**, marchand-bourgeois.

1685.

Daunefort, advocat,
Delmas, advocat,
Monbet, procureur,

15 septembre

Lamouroux, sieur de Pleneselve,
Gardès, dit le Bel advocat,
Méric, bourgeois et marchand.

1686.

De **Baulac,** escuyer, sieur de Cussaq, conseiller au Présidial,
Defaure, bourgeois et marchand,
Brousse, procureur,

15 septembre

Jehan de **Singlande,** escuyer sieur de Naux, décédé le 22 mars 1694,
Barthélemy **Momin,** advocat au Parlement,
Louis **Clarens,** bourgeois, marchand drapier,

1687.

Jehan de **Nargassier,** sieur de Lages,
De **Cambes,** advocat,
Bissières, procureur,

15 septembre

Guillaume **Douzon,** sieur de Lalande, advocat au Parlement, décédé le 4 octobre 1688,
Pierre **Bussière,**
Charles **Monbet.**

1688.

Bonaventure **Sabourous,** docteur en médecine.
Jacques **Groussou,** advocat,
Jehan **Lucianet,** lieutenant d'infanterie,

15 septembre 1688

Michel de **Baulac**, sieur de Cussac,
Jehan de **Mazacq**, sieur de Gardès, bourgeois,
De **Renaud**, procureur au Présidial.

1689.

De **Lescazes**, escuyer,
    Dulaurens, advocat,
    Cartou, marchand,
Jacques de **Redon**, sieur de Tort,
Jehan **Cruzel**, advocat,
Pierre **Christaud**, procureur.

1690.

De **Rangouze**, sieur de Beauregard,
    Dubernard, bailli de la Plume, en Brulhois,
    Lafage, marchand, mourut en charge,
Jehan Joseph de **Raignac**, advocat, (gendre de Sabourous, médecin),
Pierre **Amblard**, advocat en Parlement,
Guillaume Joseph **Passelaigue**, bourgeois.

Balthazard **Martin**, procureur au Présidial,
    remplaça Lafage, décédé.

1691.

Joseph **Daunefort,** advocat au Parlement,
Jehan **Delmas,** advocat au Parlement,
Raymond **Monbet,** procureur au Sénéchal,
Jehan Jacques **Ratier,** sieur de Longueval, advocat,
Vincent **Cazabonne,** bourgeois marchand,
Jehan **Tréguilles,** bourgeois marchand.

1692.

Jehan Philippe **Daurée,** advocat au Parlement,
Barthélemy **Momin,** advocat au Parlement
Louis **Clarens,** bourgeois et **Monbet,** procu-
[reur,
Léon d'**Ancelin,** capitaine,
Jehan Vincent **Lallu,** advocat au Parlement,
Anthoine **Pélissier.**

1683.

Lettres de provision de la charge de Maire d'Agen, en faveur de Boudon de Saint-Amans. (*)

(*) François Boudon de Saint-Amans, fils de François Boudon de Saint-Amans et de Sérène de Mélet.

Maire d'Agen en 1705, avait épousé le 20 décembre 1669 Anne de Faure, de laquelle il eut un fils nommé Joseph, lequel se maria avec Marie de Malleprade, le 26 février 1712, et qui fut grand père de Jean Florimon de Saint-Amans, né à Agen, le 24 juin 1748, et mort dans cette ville en 1821, auteur de la *Flore Agenaise*, d'une histoire du Lot-et-Garonne, — président du Conseil général de ce département, etc.

1693.

François **Boudon** de Saint-Amans, escuyer, capitaine,
Géraud de **Gardès**, advocat, dit le beau capitaine de *Cartier*,
Jehan **Bory**, bourgeois et marchand,
Charles de **Raignac**, advocat, capitaine de *Cartier*,
Joseph **Méja**, advocat, près les Augustins,
François **Mieussens**, marchand graisseur, près les Jésuites.

1694.

Jacques de **Montpezat**, sieur de l'Estelle et de Poussou,
François **Groussou**, advocat en Parlement,
Anthoine **Cammartin**, bourgeois et marchand,
Jehan **Laclaverie**, 1er assesseur de l'Hôtel de Ville,
Jehan **Bosq**, greffier en chef en l'Election,
Joseph **Marchand**, (Savoyard), marchand grossier.

1695.

Bernardin **Defaure**, sieur de Lagarde,
Pierre **Bussière**, advocat au Parlement,
Charles **Monbet**, advocat au Parlement,

Jehan **Roux,** assesseur du Maire,
Anthoine **Bru,** conseiller du roy, assesseur,
Jehan **Moustafa,** marchand assesseur.

Ces 3 assesseurs furent portés dans les charges consulaires par l'Edit de fondation et tous à la fois, afin que la Jurade put nommer ensuite aux 4°, 5° et 6° charges.

1696.

Jacques de **Redon,** sieur de Tort,
Guillaume **Lacroix,** advocat au Parlement,
Guillaume **Renaud,** procureur,
Guillaume de **Tropenat,** sieur de Lanauze,
Paul Bernard **Audinot,** advocat,
Jehan **Fray,** procureur au Présidial.

1697.

Jehan de **Lescazes,** escuyer,
Jehan **Mazacq,** sieur de Gardès,
Bertrand de **Saint-Gilis,** lieutenant de cavalerie,
Anthoine **Guiral,** sieur du Colombier, advocat.

En 1697, par ordre du roy, le nombre des consuls fut réduit de 6 à 4, dans le but de donner au Maire, les gages que touchaient les consuls supprimés.

1698.

Il y eut deux Elections. — La 1re fut annulée par M. de Bezon, intendant de la province. Elle comprenait :

Anthoine de **Nargassier**, escuyer, sieur de Lacépède,
Anthoine **Dulaurens**, advocat au Parlement,
Julien César de **Lescale**, escuyer,
Anthoine **Fonfrède**, docteur en médecine.

La 2°, qui fut ratifiée, se composait de :

Jehan Jacques **Vignes**, conseiller au Présidial,
Barthélemy **Momin**, advocat au Parlement,
Armand de **Sevin**, sieur de Ségougnac et Ganet,
Joseph **Gardès**, sieur de Clairet.

1699.

Arnaud de BELZUNCE de CASTELMORON, sénéchal.

Jehan **Delmas**, advocat au Parlement,
François **Micussens**, marchand graisseur,
Jacques de **Larronde**, sieur de Lécussan,
Joseph **Pélissier**, marchand drapier.

1700.

Joseph **Rangouze**, père, sieur de Beauregard,
Joseph Guillaume **Passelaigue**, secrétaire de l'Evêché,
Jean **Ducros**, sieur de Lacassaigne,
Pierre **Defaure**, avocat en Parlement.

1701.

Philippe **Daurée**, père, avocat en Parlement,
Pierre **Christau**, procureur,
Jean Joseph **Lafitte**, sieur de Bary,
Jean de **Villemond**, avocat en Parlement.

1702.

Pierre DAILHEM, lieutenant de Maire.

Saint-Michel de **Baulacq**, sieur de Cussacq,
Anthoine **Guiral**, sieur du Colombier, avocat,
Marc Anthoine de **Singlande**, sieur de Naux,
Joseph **Laclaverie**, docteur en médecine.

1703.

Une lettre de cachet du roy nomma les consuls de cette année.

Boudon, de Saint-Amans, maire,
Pierre **Dailhem**, lieutenant de maire,
Estienne de **Lamouroux**, sieur de Pleneselve,

Paul Bernard **Audinot**, avocat au Parlement,
Arnaud **Bru,** libraire, assesseur,
Jean **Bezy,** marchand, assesseur.

1703.

Boudon de Saint-Amans, maire,
Pierre **Dailhem,** lieutenant de maire,
Charles de **Coquet,** sieur de Gueyze, 1er consul
    perpétuel, charge achetée 4.000 livres,
Charles **Monbec,** avocat. consul par élection,
Anthoine **Canuet,** consul perpétuel, charge achetée
    par lui 3.500 livres,
Joseph **Sarres,** conseiller du roy, assesseur.

1703.

Arnaud **Bru,** et Jean **Bezy,** furent nommés consuls par lettres de cachet,
Saint-Michel de **Baulacq** de Cussac, consul en
    1702, fut exilé à Brives la Gaillarde,
Marc Anthoine **Singlande,** interdit par lettre de
    cachet d'août 1703.

Le roy créa la charge de Sous-Maire qui fut vendue à Dailhem. Cette mesure jeta la division dans la Maison commune entre le Maire et le Sous-Maire. Elle fut cause de l'exil de Baulacq et de l'interdiction de Singlande.

1703 (suite)

Observations tirées du livre de raison d'Uchard, page 64.

15 septembre 1703. — En vertu de lettres de cachet du roy, MM.

Lamouroux, de Pleneselve, fut fait 1er consul,
Bernard **Oudinot**, 2e consul,
Bru, marchand libraire, 3e comme assesseur,
Bezis, 4e comme assesseur.

1704.

Par un Edit du mois de février 1704, toutes les Jurades du royaume furent supprimées.

Ordre fut donné aux Maires de dissoudre les Jurats sous peine d'interdiction de leur charge et privation de leurs gages.

Cet édit laissait le gouvernement de la maison de ville au Maire, assisté du Sous-Maire, des Jurats perpétuels, des consuls électifs et des conseillers assesseurs aux Aydes.

1705.

Boudon de Saint-Amans, maire,
Pierre **Dailhem**, lieutenant de Maire.
Charles de **Coquet**, sieur de Gueyze, consul perpétuel,
Charles de **Monbeq**, avocat au Parlement, fut continué par des raisons d'ordre de l'Intendant de Bordeaux et nommé lieutenant de maire alternatif.
Anthoine **Canuet**, consul perpétuel,
Alexandre **Sabatery**, advocat en Parlement.

De 1706 à 1717.

Il n'y eut plus d'élections.

Les charges de consuls étaient vénales, à la disposition du roy.

1709.

Composition du corps de ville en 1709, d'après le livre de raison d'Uchard :

Boudon de Saint-Amans, maire alternatif,
de **Sarrasin**, id.
Dailhem, id.
de **Monbecq**, id
de **Coquet**, consul perpétuel,
de **Bussières**, consul électif,
Canuet, consul perpétuel,
Bory, consul électif,
Molynier, médecin procureur syndic.

1709.

A propos du cruel et mémorable hiver de 1709, dont l'intensité sans précédent, anéantit les récoltes en terres et fit naître la famine, le roy, loin d'être touché de l'extrême misère du pays et d'accorder des remises d'impôts, ordonna par Edit, le doublement des Octrois.

Les consuls indignés refusèrent formellement de payer la somme à laquelle la ville était taxée.

Cet acte de courage civique leur valut d'être arrêtés et incarcérés à Bordeaux.

1709 (suite)

L'intendant de Guyenne, Lamoignon de Courson, sentant l'odieux de semblables rigueurs, demanda d'imposer à la province une redevance annuelle de 400.000 livres, en échange de la suppression de l'Edit.

A ce moment, la Guyenne était grevée de 6.500.000 livres d'impositions annuelles ; (voir *Intendance*, aux archives de la Gironde)

Ce qui représente plus de 25 millions de notre monnaie actuelle.

Le pain valut en 1709 jusqu'à 40 deniers la livre.

1717.

Un édit du roy supprima les offices de Maire et de lieutenant de Maire ; rétablit les baillis, sénéchaux et corps de jurade dans leurs anciens privilèges.

Le 13 septembre 1717, furent élus consuls :

    Herman de **Sevin**, sieur de Ségougnac,
    Anthoine **Fonfrède**, docteur en médecine,
    Géraud **Bory**, bourgeois et marchand.
    Anthoine de **Coquet**, sieur de Monbrun,
    Jean Joseph de **Lavolvene**, avocat en Parlement.
    François **Lalanne**, procureur ès-cour d'Agen.

1718 — 15 septembre.

    Herman de **Sevin**, sieur de Ségougnac,
    Jean Joseph de **Gardès**, sieur de Cléret,
    François **Lalanne**, procureur,

Adrien de **Redon** des Fosses,
Jean Joseph **Costas,** docteur en médecine,
Jean Joseph **Leydet.**

1719.

Marc Anthoine **Singlande,** sieur de Naux,
Martin **Dufort,** docteur en médecine,
Jean **Pélissier,** bourgeois et marchand,
Pierre de **Fontirou,** escuyer,
Charles de **Bompart,** sieur de Saint-Salvy,
Alexandre **Moustafa,** bourgeois marchand.

1720.

Jules César de **Lescale,** de Véronne, escuyer,
Anthoine **Charpaut,** avocat en Parlement,
Jean **Malebaisse,** bourgeois et marchand,
Jan de **Champier,** gouverneur de Castel-Léon (Catalogue),
Jean François de **Costas,** avocat,
Léonard **Daubas,** sieur de Durgou.

1721.

Un arrêt du Conseil d'Etat du 29 août 1721, prononce l'ajournement des élections consulaires, par le motif que les personnes que l'on veut porter à ces charges, ne sont point convenables, ni capables de les remplir.

Le 23 novembre 1721, les élections eurent lieu en présence de M. de Boucher, intendant de Guyenne.

1721 (suite).

Pierre de la **Tour,** escuyer, sieur de Fontirou,
Vergès, avocat,
Pierre **Daribaud,** bourgeois marchand,
Marc Anthoine **Nargassier,** sieur de Lacépède,
Jean Jacques **Momin,** fils, avocat,
Jean Pierre **Tourtonde,** ancien officier.

1722.

Jean Jacques de **Montpezat,** sieur de l'Estelle, (âgé de 78 ans 6 mois),
De **Ratier,** ancien capitaine,
Jacques **Bissières,** procureur,
Douzon, de Fontayral,
Dupeau, sieur de la Bernède,
Lerou, bourgeois.

1723.

Le roy nomma aux charges de Maire, lieutenant de Maire et de consul, conformément à son Edit de juin 1717, les personnages suivants :

Maire : Charles de **Couquet,** escuyer, sieur de Gueyze,
Lieutenant: Pierre **Bienabe,** cy devant consul de Puymirol,
Consul : Arnaud **Canuet,** avocat.

1723 (suite).

Consuls élus le 15 septembre :

Jean **Tréguille,** bourgeois,
François **Dauzac,** avocat en Parlement,
Jean **Rouquette,** procureur au Présidial.

Le roy accorda la provision de Maire ancien à

Charles de **Coquet,** sieur de Gueyze, (8 juillet 1723)

Celle de Maire unitriennal à

François **Dauzac,** avec gages annuels s'élevant à 692 livres, (10 septembre 1723),

Celle de lieutenant de Maire ancien à

Pierre **Bienabe,** avec gages annuels de 396 livres (28 mai 1723).

M. de Lavrillère, secrétaire d'Etat à Paris, écrivit pour mettre fin 1° aux contestations engagées entre MM. de Coquet et Dauzac sur l'exercice de Maire ; 2° aux discussions sur les rangs des consuls entre Lespinasse et Delpech, au sujet des titulaires et des électifs.

Provisions de consul unitriennal accordée à

Francois **Daribeau,** fils, avec gages de 158 livres (9 décembre 1723),

Provisions de consul unitriennal accordée à

Vincent **Vigué,** avec les mêmes gages, (9 décembre 1723),

1723 (suite).

Provisions de consul alternatif en faveur de

Jean **Delpech**, avec gages de 158 livres, (15 décembre 1723)

1724.

Provisions du roy à la charge de Maire alternatif, en faveur de

Dubois, président et contrôleur des tailles, avec gages de 396 livres annuellement (27 février 1724).

Elections du 15 septembre 1724.

Un arrêt du Conseil d'Etat du mois d'août 1724, supprima toutes les charges municipales et remit la Jurade, comme avant l'Edit de création. — Il y eut élection de 6 consuls, savoir :

Marc Anthoine de **Coquet**, sieur de Monbrun,
Joseph **Guiton**, avocat,
Jean Isaac **Gardette**, jeune, procureur,
Vincent **Sarrau** d'Arasse, baron de Fauguerolles,
Jean Jacques **Bonhomme**, conseiller à l'Ordinaire,
Joseph **Salat**, ancien officier des bombardiers.

Charles Gabriel de BELZUNCE, marquis de Castelmoron, nommé sénéchal d'Agenais, et de Condomois, le 31 août 1717, en remplacement de son père. Il prête serment aux consuls, le 24 octobre 1724.

1725.

Anthoine **Singlande,** escuyer, sieur de Naux,
Jean Joseph **Leydet,** sieur de Fontane,
Alexandre **Moustapha,** marchand,
Estienne de **Bazon** de Baulens, escuyer,
Bernard **Gellien,** advocat,
Pierre **Ollié,** procureur.

1726.

Jean de **Champier,** chevalier de l'ordre du roy,
Jean Joseph de **Costas,** docteur en médecine,
Boudet, marchand drapier,
Pierre **Boissonnade** d'Orty,
Jacques Joseph de **Masquard,** garde du corps du roy,
Nicolas **Cazabonne,** jeune, marchand drapier.

Cette élection n'ayant pas été agréée par le duc de Duras, commandant la province, et par l'intendant de Bouchez, on procéda à un nouveau scrutin qui amena les noms suivants :

de **Jayan,** lieutenant criminel,
de **Fonfréde,** docteur en médecine,
Lalanne, procureur,
Le chevalier de **Rangouze,**
Muraille **Parade,** bourgeois, (protégé de M. de Bouchez),
Labénezie, (protégé du duc de Duras.)

1727.

L'Intendant de Guyenne, M. de Bouchez s'entendit au mois de mai 1727, avec les consuls réunis à la Jurade, pour proroger d'un an, la moitié des consuls en charge, c'est-à-dire que les 3 derniers nommés conserveraient leurs fonctions une année de plus et monteraient aux premiers rangs; d'où il suit qu'il n'y avait plus à élire annuellement que 3 consuls.

Cette mesure fut approuvée par le Conseil d'Etat.

Elections du 15 septembre.

de **Jayan,** lieutenant criminel,
Fonfrède, docteur en médecine,
Lalanne, procureur,
Pierre **Boissonnade** d'Orty,
Fauquette, avocat,
Claverie, marchand drapier,

Furent consuls de 1727 au 15 septembre 1728.

1728.

Boissonnade d'Orty,
Fauguette, avocat,   } anciens consuls maintenu
Claverye, marchand,

Marc Anthoine de **Nargassier,** sieur de Lacépède,
Alexandre de **Sabatéry,** avocat,
Dépau de Labernède.

1729.

Marc Anthoine de **Nargassier**,
Alexandre **Sabatéry**, avocat, } anciens consuls
Depau de Labernède,

---

de **Mucy**,
    Lagarde, avocat, } nouveaux
    Illy, marchand,

1730.

Une cabale fit retarder les élections du 15 septembre, au 15 octobre suivant. L'Intendant de Bouchez vint de Bordeaux, pour les présider.

de **Mucy**,
    Lagarde, } anciens consuls
    Illy,

Latour, sieur de Fontirou,
Pommaret, procureur du roy en l'Ordinaire,
Sallat, officier.

1731.

de **Fontirou**,
Pommaret,
Sallat.

Le comte de **Saint-Arailhes** de Montesquieu,
de **Passelaigue,** conseiller receveur des dixmes,
Miressandeau, marchand quincailler aux Cornières.

1732.

Comte de **Saint-Arailhes,** de Montesquieu,
de **Passelaigue,**
Miressandeau.

---

de **Coquet** de Monbrun,
Guittou, avocat,
Daribau, marchand quincailler.

1733.

de **Coquet** de Monbrun,
Guittou,
Daribau.

---

de **Chabrié,** juge en l'Ordinaire,
de **Molinié,** docteur en médecine,
Mailhé, marchand.

Un Edit du roy rétablit les offices municipaux anciens et alternatifs.

1734.

de **Chabrié,**
de **Molinié,**
Mailhé.

Jean **Darthus,** marchand,
Jean **Lamarque,** id. } consuls mi-triennaux
François **Terrail,** id.

1735.

Le samedi, 20 août 1735, M. de VÉRONNE, nommé maire d'Agen, fut installé à la maison de ville par M. Dauzac, délégué à cet effet, par l'Intendant de la province.

Le lendemain dimanche, il presta serment à Saint-Estienne, accompagné de MM. Lamarque et Terrail, consuls et du guet, tous en grande tenue et puis porta le cordon du poêle à la bénédiction.

L'élection du 15 septembre ayant fait naitre de vives discussions M. de Bouchez, intendant de Guyenne, fit procéder le jeudi 27 octobre, à un second tour de scrutin. Furent élus consuls :

de **Rangouze,** alternatif par commission,
Lalanne, procureur, alternatif par élection,
Lamarque, perpétuel continué,
d'Orty de **Boissonnade,** perpétuel par élection.
Terrail, perpétuel continué,
Vignes, procureur, perpétuel par élection.

1735 (suite).

En novembre 1735, Daubas et Moustapha furent reçus consuls alternatifs par commission.

Daubas, à la place de Lamarque.

Moustapha, à celle de Terrail.

Mata, acheta la charge de secrétaire et **Lespinasse**, notaire et juge de Castelculier, fut reçu par commission, lieutenant perpétuel de Maire.

1736.

Au mois d'août, M. Miraben fut reçu consul électif, en remplacement de Fonfrède démissionnaire.

Les consuls disputèrent à M. Muraille quelques lots de terrain touchant l'église Sainte-Foy, auprès du ruisseau et des murs de ville.

Cet emplacement fut plutard successivement converti en cimetière et en gare de chemin de fer.

1737.

Le 11 février 1737, M. de JAYAN, nommé maire par commission, prêta serment à la maison de ville.

Il en fut de même de M. TRÉGUILLE, reçu par commission lieutenant de Maire.

Le 14 octobre, l'Intendant M. de Bouchez, agréa pour consuls :

d'Orty de **Boissonnade**,

Lalanne, procureur,

Vignes,

Méja,

Moustapha,

Deltrieu.

1737 (suite)

Un arrêt du Conseil d'Etat supprima le 22 décembre, tous les commissionnaires de charges municipales: Maires, consuls et jurats; maintenant les titulaires acquéreurs et réservant aux communautés la faculté de rembourser de gré à gré le prix des charges. L'édilité d'Agen versa au trésorier du roy, à la décharge des consuls, 35.090 livres, pour le rachat des offices municipaux, afin de procéder à des élections nouvelles.

(C'était le renchérissement de la vénalité opérée par le Gouvernment).

1738.

Les élections eurent lieu en janvier. Les suffrages portèrent sur :

de **Sevin**,
Darribau, lieutenant du juge,
Lerou, bourgeois,
Redon de Fontanilhes, escuyer,
Bory, avocat,
Martin, procureur au Présidial.

Des contestations ayant surgi, à propos des élections de janvier, il en fut fait d'autres en avril.

Darthus, acquéreur de la charge, rentra 1ᵉʳ consul perpétuel,
Redon de Fontanille, électif,
Lamarque, perpétuel,

1738 (suite)

Bory, électif,
Terrail, perpétuel,
de **Martin,** électif.

Il y eut ainsi 3 consuls acquéreurs et perpétuels et 3 électifs.

Le 15 septembre, on fut obligé de recourir à un 3° scrutin.

Darthus, consul perpétuel acquéreur,
de **Mucy,** ancien jurat, consul électif,
Lamarque, consul perpétuel acquéreur,
Labernède, ancien jurat,
Terrail, acquéreur, titulaire perpétuel,
Miressandeau, ancien jurat, électif.

1739 — 15 septembre.

Darthus, acquéreur, consul perpétuel.
Champier, (élu),
Lamarque, acquéreur,
Fauguette, avocat (élu),
Terrail, acquéreur,
Paquin, procureur (élu).

L'Intendance de Guyenne ratifia l'élection le **22 septembre 1739.**

1740 — 15 septembre.

Darthus, consul acquéreur,
Daribau, fils ainé, lieutenant de juge, (élu)
Lamarque, acquéreur,
Molinié, docteur en médecine, (élu)
Terrail, acquéreur,
Cazabonne, marchand drapier (élu).

1741 — 15 septembre.

Darthus, consul perpétuel.
Claverye, secrétaire en la Généralité de Montauban (élu)
Lamarque, acquéreur,
Fonfrède, docteur médecin (élu),
Terrail, acquéreur,
Dutrouilh, marchand drapier (élu).

1742.

Le 15 juin, **Saint-Bauzel,** fut reçu consul alternatif.
Le 20 juin, **Lagrange,** fut également reçu en place de Darthus.
Le 25 juin, **Gounon,** fils ainé, fut reçu à l'hôtel de ville, en qualité de Maire. Toutes les cloches sonnant à la volée et les canons faisant entendre des salves réitérées.
Le 5 juillet, **Fabry,** fut reçu avec le même appareil, lieutenant de Maire,
Le 20 août, **Marcot,** fut reçu consul alternatif.

1742 (suite)

e 15 septembre, les élections déterminèrent la composition suivante :

Gounon, fils aîné, maire,
Fabry, lieutenant de maire,

Lagrange, consul alternatif,
Fonfrède, docteur médecin, consul électif,
Marcot, fils, marchand, consul alternatif,
Claverye, consul électif,
Saint-Bauzel, marchand, consul alternatif,
Dutrouilh, marchand, consul électif.

1743 — 15 septembre

Gounon, maire,
Fabry, lieutenant de maire.

Darthus, consul perpétuel,
Claverye, élu,
Lamarque, perpétuel,
Fonfrède, élu,
Terrail, perpétuel, (mort en août 1745),
Dutrouilh, élu.

Mata, fils, secrétaire de l'Hôtel de Ville, fut acquéreur de l'emploi de son père.

1744 — 14 décembre.

Darribau, fils cadet, reçu maire alternatif par commission,
Gounon, aîné, reçu maire perpétuel,
Lespinasse, nommé lieutenant de maire alternatif.

1745.

Darribau, maire,
Laclaverie, doyen des consuls,
Lagrange **Dubernard,** (mort le 1er mai 1749)
de **Coquet** de Gueyze,
Sembauzel, négociant,
Terrail, (mort en août 1747).

1746.

Darribau, maire,
Espinasse, lieutenant de maire,
Laclaverie, doyen,
Darthus,
Miraben,
Dutrouilh,
Marcot.

1747.

Daribau, fils, maire par régie,
Lespinasse, lieutenant de maire par régie,
Lagrange, 1er consul,
Claverye, électif,
Marcot, perpétuel,
Miraben, électif en place de Fonfrède, médecin,
Saint-Bauzel, perpétuel,
Dutrouilh, électif.

1748.

Le 13 juin, DURRENS, marchand drapier acheta la charge de consul perpétuel, après le décès de Terrail. Il prêta serment à Saint-Etienne, les cloches sonnant à toute volée à l'église et à l'hôtel de ville.

Le 20 janvier 1748; de TOURNY, intendant de Guyenne transmit à Agen, un arrêt du Conseil du roy, ordonnant de procéder aux élections consulaires le 22 janvier.

La jurade s'assembla et délibéra que le lendemain, elles auraient lieu.

Gounon, maire perpétuel,
Fabry, lieutenant de maire,
Darthus, 1er consul perpétuel,
Lamarque, id.
Durrens, id.

1748 (suite).

Daribau, fils aîné, advocat, 4e consul,
Sallat, 5e consul,
Claverye, marchand drapier, 6e consul.

Le 15 octobre de TOURNY vint à Agen, présider à de nouvelles élections.

Dubernard **Lagrange,** 1er consul, acquéreur de la charge (mort le 20 mai 1749),
de **Sevin,** consul électif,
Marcot, — perpétuel acquéreur,
Charrière, — électif,
Sembauzel, — perpétuel acquéreur,
Chemin, — électif (marchand).

Le 3 novembre 1748, François CAZABONNE, jeune, prêta serment en qualité de 3e consul perpétuel, en place de Sembauzel qui lui vendit sa charge, moyennant 400 livres, avec tous les gages qui y étaient attachés de par la ville.

1749.

Gounon, maire perpétuel, acquéreur de la charge.
Fabry, lieutenant de maire, id.
Darthus, 1er consul, id.
de **Redon** de Fontanilhes, escuyer électif,

1749 (suite).

Lamarque, perpétuel acquéreur,
Costas, médecin, électif,
Durrens, perpétuel acquéreur,
Miressandeau, électif.

1750.

DAUNEFORT acheta le 18 juillet 1750, la charge consulaire laissée vacante par la mort de Dubernard Lagrange, le 2 mai 1649 Il compta 1.600 livres à la veuve.

Elections du 15 septembre. Il n'y eut pas de maire à partir de ce jour.

Consuls: **Daunefort,** acquéreur,
Bazignan, électif,
Marcot, acquéreur,
Pommaret, électif,
François **Cazabonne,** acquéreur,
Pélissier, marchand drapier, électif.

1751.

Le 24 mars MAZET, marchand, acheta la charge de 3e consul à Marcot, et prêta serment.

Le 11 juin, de Baratet, ancien consul, nommé lieutenant général au Présidial, fut reçu en l'hostel de ville en cette qualité et félicité.

Le 15 septembre GOUNON, maire perpétuel reprit ses fonctions et FABRY, celles de lieutenant de maire.

1751 (suite)

Furent consuls : **Darthus,** 1er, perpétuel.
Bissière, électif,
Lamarque, perpétuel,
Champier, électif,
Durrens, perpétuel,
Daribau, père, électif.

1752.

Pas de Maire, ni de lieutenant de Maire.

Daunefort, consul perpétuel,
Lacassaigne de Laborde, électif,
Mazet, marchand, perpétuel,
Benaud, avocat, électif,
François **Cazabonne,** marchand drapier, perpétuel,
Bory, fils, marchand, électif.

1753 — 15 septembre.

Gounon, maire perpétuel reprit ses fonctions,
Fabry, lieutenant de maire, id.
Darthus, fils, successeur de son père le 29 juin 1753,
Sarrau d'Arasse, élu,
Lamarque, perpétuel,
Molinier, médecin, élu,
Daribau, fils, négociant, perpétuel,
Lamouroux, négociant, élu.

1754 — 15 septembre.

Gounon, maire,
Fabry, lieutenant de maire,
Daunefort, consul perpétuel,
de **Montpezat,** sieur de Poussou,
Bonhomme de Pommaret,
Mazet.

1755 — 15 septembre.

Daunefort, 1er consul titulaire,
de **Sevin,** sieur de Ganet, 1er consul élu,
Cazabonne, jeune, titulaire,
Cazabonne, aîné, électif,
Mazet, titulaire,
Bonnet, marchand, électif.

1756.

Gounon, maire,
Fabry, lieutenant de maire,
Daribau, électif,
Lamarque,
Claverie, électif,
Durrens,
Sembauzel, électif,
Darthus.

1757.

Gounon, maire,

Fabry, lieutenant de maire,

Ganet de Sevin, électif,

Lamarque,

Cazabonne, électif,

Durrens,

Bonnet, électif,

Darthus.

1758 — 15 septembre.

Daunefort, 1er consul titulaire,

Douzon de Fontayral, électif,

Cazabonne, jeune, titulaire (décédé le 18 août 1759,)

Baret, avocat, électif,

Mazet, titulaire,

Pélissier, fils, électif.

Dans l'année, Daunefort eut une violente discussion avec Baret. Celui-ci porta plainte au maréchal de Richelieu, qui lui donna raison des injures de Daunefort, à propos de l'entrée des vins et de l'Edit du roy promulgué à ce sujet.

Le maréchal tença Pélissier, pour son mauvais caractère ; réprimanda l'esprit général des consuls et voulut que sa lettre d'admonestation datée de Bordeaux, le 3 novembre 1758, fut enregistré sur le livre de la Jurade,— ce qui fut fait.

1759 — 15 septembre.

Gounon, maire titulaire,
Fabry, sous maire titulaire,
Lamarque, 1er consul titulaire,
de **Bazignan,** électif,
Darthus, titulaire,
Lagarenne Pommaret, électif,
Chemin, aîné, électif.

5 consuls furent en exercice. Durrens, titulaire ne put siéger, par suite d'un incident survenu au mois de juillet 1758.

Le 16 septembre, le maréchal de Richelieu, venant de Montauban, fit à Agen, une entrée des plus solennelles et dont la pompe éclipsa celle qui avait été déployée pour les roys.

En octobre, Daunefort étant décédé, le corps de ville acheta sa charge.

1760 — 15 septembre.

de **Montesquiou,** aîné, chevalier de Saint. Louis, consul électif,
Mazet, marchand, titulaire alternatif,
Mazac, avocat électif,
Méja, fils, avocat, id.
Malebaysse, jeune, marchand, id.
Deltrieu, procureur, id.

On nomma ainsi, 5 nouveaux consuls pour remplacer DAUNEFORT et CAZABONNE, titulaires alternatifs, décédés.

Le Maréchal de RICHELIEU, ratifia l'élection.

1760 (suite).

En novembre 1760, de TOURNY, étant mort, de BOUTIN fut nommé à sa place, comme intendant de Guyenne. Il fit son entrée à Agen, fut complimenté par le consul Mazet et reçut ensuite la Jurade et les représentants des diverses corporations de la ville.

1761.

Au mois de juillet, la duchesse de CHOISEUIL, femme du ministre de la guerre, fut reçu solennellement à Agen, par ordre du maréchal de RICHELIEU. Ce dernier ordonna également que des patrouilles fussent faites chaque nuit et que l'un des consuls couchât à l'hôtel de ville, pour veiller à la tranquillité publique. Les habitants furent tenus de sortir la nuit avec une lanterne allumée, sous peine d'être arrêtés.

Au mois d'août, MÉJA obtint du roy d'être prorogé dans sa charge consulaire pour un an.

15 septembre — Elections.

Gounon, maire en charge, cette année,
Fabry, lieutenant de maire,
Lacassaigne de Laborde, escuyer, 1er consul électif,
Darthus, consul titulaire,
Méja, avocat, consul par lettre de cachet,
Barsalou, fils ainé titulaire,
Moustafa, ainé, marchand, électif.

1761 (suite).

Il n'y eut que 5 consuls, parce que l'affaire de DURRENS, titulaire n'était pas encore terminée.

Lamarque, autre titulaire, mourut le 19 mai 1761. Son neveu BARSALOU, fils aîné, hérita de sa charge et se présenta quelques jours après avec ses provisions. Il y eut des résistances, mais il prouva que son père, marchand corroyeur, laissait le commerce sur sa tête et qu'il vivait en bourgeois. Il fut admis à prêter serment serment entre les mains du 1er consul.

Le 16 novembre, de BOUTIN, étant à Agen, ordonna la démolition du corps de garde établi sur la place Saint-Etienne. Cette barraque gênait les magasins des sieurs Marcot, Dayries, Hébrard, Labrunie et Mauron.

Il prescrivit l'installation de 30 lanternes, sous les arceaux des Cornières, afin de prévenir de fâcheux évènements. On les fit venir de Rouen et elles furent placées à la manière de Bordeaux.

1762.

Elections très agitées. Les consuls qui devaient pourvoir aux nominations se divisèrent en deux fractions :

D'un côté, GOUNON, MOUSTAFA (son beau frère), et MAZET.

De l'autre, FABRY, lieutenant de maire, MÉJA et BARSALOU.

Il fallut aussi remplacer DURRENS absent. A chaque instant on recourait au gouverneur de Bordeaux.

La section de FABRY, voulait :

d'Arasse, sieur de Fauguerolles, pour 1er consul électif,

Ratier, avocat, 2e consul électif,

1762 (suite)

Boissonnade, 3e consul électif,
Hébrard, négociant 4e id.
Dayries, procureur, 5e id.

Le parti de GOUNON portait :

Redon des Fosses, 1er consul électif,
Malebaysse, bourgeois, 2e id.
Lamothe, avocat, 3e id.
Marcot, jeune, 4e id.
Dayries, procureur, 5e id.

Barsalou, s'étant séparé de Fabry, vota avec Gounon et fit balancer les suffrages : 3 contre 3, attendu que les voix de Gounon et de son beau frère Moustapha ne comptèrent que pour une.

Le Maréchal de Richelieu intervint et donna gain de cause à Gounon ; de telle sorte, que les consuls du 15 septembre 1762, furent :

Redon des Fosses,
Mazet,
Malebaysses, bourgeois,
Lamothe, avocat,
Marcot, cadet, négociant,
Dayries, procureur.

M. de LAVILLE, président de la cour présidiale d'Agen, assura la validité de cette élection.

1763 — 15 septembre.

PAQUIN fut reçu consul à la place de DURRENS, avec l'agrément du maréchal de Richelieu.

Les consuls en charge furent :

Benaud, électif,
Darthus, titulaire,
Darribau, électif,
Barsalou, titulaire,
Gardette,
Paquin, procureur,

1764.

Un Edit du roy, du mois d'août 1764, supprima toutes les charges titulaires de maire, lieutenant de maire, consuls, jurats et secrétaires des communautés.

Son exécution fut remise au 1er janvier 1765, pour permettre à l'Etat de rembourser chacun des intéressés au denier 20.

Au 15 septembre, furent consuls :

Benaud,
Mazet,
Darribau,
Marchand,
Gardette,
Mauron.

1765.

Le 1er janvier, en vertu de l'Edit de 1764, MAZET, fut indemnisé de sa charge et remplacé par MURAILLE de Lespinasse.

Elections du 15 septembre.

Muraille de Lespinasse,
Marchand,
Mauron,
de **Montpezat,**
de **Pommaret,**
Chemin, négociant.

1766 — 15 septembre.

Montpezat de la Garenne,
de **Pommaret,** avocat,
Chemin, négociant,
Daurée de Prades, chevalier de Saint-Louis,
Uchard,
Darribau, fils négociant.

1767 — 15 septembre.

Daurée de Prades, chevalier de Saint-Louis,
Uchard,
Darribau, fils négociant,
Redon des Fosses,
Méja, avocat,
Pélissier, négociant.

1768.

Un Edit de décembre 1767, créa des Echevins dans les principales villes de France.

Agen, comme siège d'une cour présidiale et d'un évêché, eut 4 échevins pris depuis la catégorie des nobles jusqu'à celle des artisants.

Furent nommés à ce titre, le 24 mars 1768:

Delas de Brimont, escuyer, procureur du roy,
Ratier, avocat.
de **Coquet,** escuyer,
Dudebert, notaire.

―――

Par un autre du mois de février 1768, le roy se réservait le droit de nommer le maire, qui devait rester en charge pendant 3 ans.

Les 4 échevins, assistés de 14 notables, durent, aux termes de l'Edit, dresser une liste de 3 candidats, sur lesquels sa Majesté devait choisir le maire.

Les candidats furent :

de **Bazon,** escuyer, ancien officier d'artillerie, chevalier de Saint-Louis,
de **Sevin,** escuyer,
de **Lacuée,** lieutenant assesseur au présidial.

―――

Les 4 échevins et les 14 notables s'assemblèrent encore pour nommer 6 conseillers de ville, appelés à délibérer sur les affaires de la commune.

Les choix se portèrent sur :

Le marquis de **Carbonneau,** chevalier de Saint-Louis,
Barbier de Lasserre, fils, écuyer,
Barret de Rivezol, avocat,

1768 (suite).

Roux, négociant,
Fontanier, notaire,
Sémézard, procureur.

1769 — 15 septembre élections.

Barret de Rivezol, 1er échevin,
de **Coquet,** écuyer,
Dudebert, notaire,
Sémézard, procureur.

1770 — 15 septembre.

Il n'y eut que 3 échevins.

Barbier de Lasserre, une fois nommé, refusa d'accepter la charge.

Les 3 autres furent :

Barret de Rivezol, avocat,
Sémézard, procureur,
Nodigier, aîné, négociant.

1771.

Par lettre patente datée de Compiègne, en août 1769.

Le roy permit aux officiers municipaux et principaux habitants d'Agen, de reprendre et rétablir la forme d'administration municipale, telle qu'elle était établie avant l'Edit de décembre 1767.

1771 (suite).

« Voulant toutefois que lorsque la place de maire sera vacante,
« il soit élu 3 sujets qui seront présentés, afin que sa Majesté
« choisisse celui qui devra remplir ces fonctions. »

Signé : Louis.

Visa : Maupéon.

Enregistré au Parlement de Bourdeaulx, le 26 juillet 1771.

1771 — 15 septembre.

Les élections du 15 septembre 1771, furent faites par billets et au scrutin par les échevins, jurats et notables.

Furent élus à la pluralité des suffrages :

1er rang :   **Sevin** de Ganet, escuyer,
           Paquin, procureur.

2e rang :   de **Secondat,** baron de Montesquieu,
           Bory, fils, avocat en Parlement,
           Bouvet, bourgeois.

Ils prêtent serment entre les mains de BARRET de Rivezol, 1er échevin sortant de charge.

Le 24 septembre 1771, SEVIN et de SECONDAT, donnent leur démission pour raison d'âge avancé et d'infirmités.

1772.

Le Gouvernement de Louis XV, à bout d'expédients financiers, revint en novembre 1772, sur le principe de l'Edit de 1767 et rétablit la vénalité des charges, de la manière suivantes :

AGEN

L'office de maire fut mis à prix de	10.000 livres.
Celui de lieutenant de maire	5.000
De chacun des 6 consuls à 2.000 livres....	12.000
Du procureur syndic du roy...............	2.000
Du greffier secrétaire...................	2.000

Ces taxes parurent tellement exagérées que la communauté d'Agen ne se crut pas en mesure de les lever.

Deux particuliers furent plus hardis. Le 3 février 1773, Le sieur TARRY, cadet, acquit la charge de 3e consul, avec la prérogative de toucher 200 livres de gages, tous les semestres, sur les revenus de l'octroi et avec l'exemption du logement des gens de guerre, de la collecte, tutelle et curatelle, guet et garde de de nuit pour lui et ses enfants.

1673.

BARRET, (Louis), secrétaire de la subdélégation, acheta la charge de secrétaire de la commune (19 février 1773).

Ordonnance du 12 avril 1773.

Le roy ayant été informé que les offices municipaux créés pour la ville d'Agen, par l'Edit de novembre 1771, n'avaient pas été levés et voulant pourvoir à l'administration de ladite ville, nomma :

1773 (suite).

Gilbert de **Raymond,** ancien capitaine de Cavalerie, (dont la famille est originaire de Montcuq, en Quercy), maire.

Raignac de Varennes, chevalier de Saint-Louis, lieutenant de maire,

Méja, lieutenant particulier en l'élection, 1er échevin,

Paquin, ancien consul, 2e —

Lamouroux de Pleneselve, fils, 4e —

Cambes, bourgeois, 5e —

Joseph **Roux,** négociant, 6e —

TARRY était déjà reconnu 3e échevin.

Guiton Bonrepos, avocat, 1er assesseur,

Vidalot, avocat, 2e —

Gardette, fils, procureur, 3e —

Lhulier, notaire, 4e —

Sémézard, ancien jurat, procureur syndic.

Les deux places de trésorier receveurs furent réduites à une, de mêmes celles de contrôleurs vérificateurs.

Marcot, fut nommé trésorier,

Roux Lassalle, contrôleur vérificateur.

Au nom du roy, l'installation fut faite le 20 avril, par ASSOLANT, subdélégué du lieutenant général de Bordeaux.

1773 (suite).

Le 19 mai 1773, l'Intendant de la province, ESMANGART autorise les jurats à se réunir aux assemblées de la commune, pour l'expédition des principales affaires, comme avant les Edits de 1764 et 1767.

Le 26 juin 1773, le maire et les échevins décident que les réunions du corps municipal auraient lieu tous les samedis, à 2 heures de l'après-midi.

1774.

Une ordonnance royale signée à Compiègne, le 30 juillet 1773, avait décidé que la ville d'Agen serait administrée comme avant l'Edit de décembre 1767 ;

Mais, par suite de difficultés survenues entre les jurats et les officiers municipaux, le roy, par une ordonnance spéciale rendue à Versailles, le 18 avril 1814, voulut :

1º que les affaires ordinaires fussent réservées au bureau particulier de l'hôtel de ville, composé des seuls officiers municipaux en exercice;

2º que les assemblées de la jurade eussent lieu pour les affaires majeures, comme reddition de comptes, engagements de la commune, nominations d'officiers, et autres objets semblables ;

3º que lesdites assemblées convoquées par le maire ou son représentant fussent présidées par ce magistrat, avec voix prépondérante, en cas de partage.

1774 (suite).

Ordonnance du roy donnée à Marly, le 17 juillet 1773, suspendant de ses fonctions de 3e consul, le sieur TARRY (cadet), comme perturbateur du bon ordre dans les réunions de la commune, en formulant des prétentions de préséance inconvenantes.

Le roy leva l'interdit le 31 mars 1775.

Une ordonnance royale rendue à Versailles, le 3 octobre 1774, permet au sieur de PLENESELVE, de résigner la charge de 4e consul, à laquelle est nommé par commission le sieur GUITON Bonrepos, avocat, 1er assesseur.

ROUX, l'ainé prend la place de ce dernier, comme 1er assesseur.

Une ordonnance du 3 novembre 1774, signée Esmangard, Intendant à Bordeaux, dispose que les nominations aux grades d'officiers de la troupe bourgeoise appartiennent au maire, lieutenant de maire et consul, à l'exclusion des jurats.

Par une lettre spéciale, le même Intendant fait défense aux jurats, d'émettre aucune proposition aux assemblées communales, sans l'autorisation du maire et des consuls.

Le 30 décembre, SÉMÉZARD se démet de la charge de procureur syndic. Il est remplacé le même jour, par Jean DAYRIES fils, procureur ès cour.

1775, 1776, 1777.

En 1775, 1676 et 1777, la municipalité fut composée ainsi qu'il suit :

de **Raymond,** maire,
Raignac de Varennes, lieutenant de maire,
Méja, 1er consul,
Paquin, 2e
Tarry, 3e
Guitton Bonrepos, 4e
Cambes, 5e
Roux, 6e.

Le 19 juin 1777, le comte de Provence, plus tard LOUIS XVIII, allant de Bordeaux à Toulon, passa à Agen.

Il fut reçu par le comte de Fumel, commandant militaire de la ville et harangué par Varennes, lieutenant de maire, en l'absence du sieur de Raymond, maire.

Le prince logea à l'hôtel de ville. Il admit à sa table,

Messieurs :

de **Fumel,**
de **Narbonne,** père et fils,
de **Valence,** frère,
Malvin de Montazet,
de **Châteaurenard,** comte de Cauzac.

Le lendemain dimanche, 20 juin, son altesse royale assista à la messe de l'abbé de Véronne, dans la chapelle des Carmélites.

1779.

Une ordonnance royale datée de Versailles, le 5 janvier 1779, nomma premier consul,

Saint-Amans, en remplacement de **Méja** décédé, et **Gounon,** pour occuper l'emploi de receveur trésorier, vacant par suite de la mort de **Marrot,** titulaire.

Le 30 mars 1779, le roy signe à Versailles, la nomination de **Lafont** du Cujula, en qualité de 4e consul, pour remplacer **Guitton** Bonrepos, admis à la retraite.

Autre nomination datée de Versailles, le 14 juin 1779, de **Roux** Lassalle, comme 6e consul, en remplacement de son frère **Roux,** l'ainé, frappé de paralysie.

Le 9 aout 1779, Louis-Anthoine de **Belzunce,** marquis de Castelmoron, baron de Gavaudun et autres lieux, nommé en 1776, sénéchal de l'Agenais et du Condomois, fait son entrée à Agen.

Il prête serment entre les mains de Gilbert de **Raymond,** maire, assisté de :

J.-B. **Raignac** de Varennes, lieutenant de maire,
Florimond de **Saint-Amans,**
Joseph **Paquin,**
J.-B. **Tarry,** } consuls
Charles Marie **Lafont** du Cujula,
Alexandre **Cambes,**
Pierre **Roux** Lassalle.

1779 (suite).

En présence des jurats :

D'Illy, doyen de la Jurade, **Passelaigue**, **Mayet**, **Montpezat**, **Gardette**, **Barret** de **Riverzol**, **Dayries**, **Marchant**, Jean **Mauron** et **Boissié**, secrétaire greffier.

1780. — 1781.

Durant plusieurs années, les mêmes édiles conservent leurs attributions, comme l'attestent les procès-verbaux du conseil municipal en dates du 19 janvier et 25 avril 1780, 22 février 1781 et 11 février 1783.

A ce moment, on comptait :

9 officiers municipaux et 28 jurats formant un corps de 37 *vocaux*, comme il est écrit sur les registres de présence.

1783 — 1784.

de **Raymond**, maire,
Raignac de Varennes, lieutenant de maire,
Saint-Amans, 1er consul,
Paquin, 2e
Tarry, 3e
Lafont du Cujula 4e
Cambes, 5e
Roux Lassale, 6e

Sémézard, procureur syndic,
Barthélemy **Boissié**, secrétaire greffier.

1784 (suite).

Une ordonnance royale donnée à Versailles, le 29 septembre 1784, nomme :

> Jean, baron de **Bazignan**, fils, chevalier de Saint-Louis, maire d'Agen, en remplacement de Gilbert de **Raymond**, décédé.

1786.

Une ordonnance royale de Versailles, du 11 mai 1786, dispense le sieur **Lafont** du Cujula, de remplir les fonctions de 4e consul, et le remplace par **Ducros**.

Et, vû le décès de **Cambes,** 3e consul, nomme à sa place **Pélissier,** jeune.

Le marquis de **Fumel Monségur**, remplace le marquis de **Belzunce**, en qualité de sénéchal d'Agenais et du Condomois.

Il clôture en 1790, la liste des sénéchaux d'Agenais.

1787.

Une ordonnance royale de Versailles, 31 janvier 1787, pourvoit au remplacement :

> 1° de **Raignac** de Varennes, lieutenant de maire, par F. de **Lormand,** chevalier de Saint-Louis.

2º de **Saint-Amans**, 1er consul, par L. **Ducros,** actuellement 4e consul,

3º de **Paquin,** 2me consul, par R. **Renaud,** avocat,

4º de L. **Ducros,** promu 1er consul, par C. de **Rangouse,** escuyer.

5º de **Roux** Lassalle, 6e consul, par J.-J. **Belloc,** mestre ès-arts et chirurgie.

Les nouveaux titulaires prêtent serment entre les mains de de **Bazignan,** maire, le 3 mars 1787.

Le 16 mai 1787, le roy accorde des lettres de provision de consul à Jean **Andrieu,** moyennant le prix de 4.000 livres. Celui-ci prête serment le 26 mai 1787, alors qu'il avait payé le prix de sa charge en 1771.

Andrieu était né en 1752; il n'eut l'âge requis (25 ans) qu'en 1777.

Il est intéressant de rappeler que la suppression des privilèges et franchises municipales fut successivement opérée par les Edits des mois de
>Juillet 1690,
>Août 1692,
>Mai 1702,
>Janvier 1704,
>Décembre 1706,
>Mars 1709,
>Novembre 1771.

1788.

Un conflit s'étant élevé entre **Belloc**, chirurgien, 6e consul, et **Andrieu**, consul par achat, un ordre du roy, datée de Versailles, le 15 février 1788, régla ainsi le rang des consuls :

   L. **Ducros**, 1er,
   C. de **Rangouze**, 2e,
   J.-B. **Tarry**, 3e,
   R. **Renaud**, 4e,
   J. **Pelissier**, 5e,
   J. **Andrieu**, 6e.

Le roi dispensa J.-J. BELLOC, d'exercer plus longtemps la charge consulaire.

BELLOC avait, au préalable, envoyé sa démission à l'Intendant de Bordeaux.

Un ordre du roy, daté de Saint-Cloud, le 7 juin 1788, dispense **Renaud**, d'exercer les fonctions de 5e consul et lui substitue J. **Pélissier** jeune, négociant, déjà 5e consul;

De plus, nomme **Barsalou**, fils de l'ainé, pour remplir l'emploi de 5e consul.

PÉLISSIER et BARSALOU prêtent serment le 7 juillet 1788.

Jurade du 25 décembre 1788.

La séance est présidée par de **Lordman**, lieutenant de maire, ancien 1er capitaine commandant du régiment de Barrois, chevalier de Saint-Louis.

Lecture est donnée de l'arrêté du conseil royal, du 5 juillet 1788, convoquant les Etats Généraux.

1788 (suite).

Le Baron de BAZIGNAN, maire, refusant de participer aux prescriptions de cet arrêté célèbre, abandonna ses fonctions et laissa l'exécution des nouvelles mesures aux soins de :

F. **Lordman,** lieutenant de maire.
Ducros,
Rangouze de Beauregard,
Tarry,
Pélissier, jeune,
Barsalou,
Andrieu,

Avec l'assistance des jurats:

Illy, doyen, **Pélissier,** aîné, **Sembauzel, Barret** de **Rivezol, Barsalou,** aîné, **Lamothe, Paquin, G. Marchand, Mauron, Daurée** de **Prades, Raignac** de **Varennes, Lafont** du **Cujula, Belloc** et **Saint-Amans.**

Révolution de 1789.

Jurade du 17 janvier 1789, présidée par **Lordman,** lieutenant de maire, assisté des consuls et jurats qui siégèrent le 25 décembre 1788.

Ordre du jour :

Revendication des libertés provinciales. — Etablissement des Etats de Guyenne en pays d'Etats.

---

24 juillet 1789.

Le 24 juillet 1789, à l'hôtel de ville, tenue d'une première réunion extraordinaire

de 24 membres des sociétés de la ville,
12 — de celle de la rue Garonne,
12 — de celle de la rue Grande Horloge,

dans le but d'inviter toutes les corporations, à choisir deux députés et les envoyer à Paris, complimenter l'Assemblée nationale, sur le maintien de l'autorité royale et la défense des libertés publiques.

Le lendemain 25 juillet, les corps et corporations de la ville arrivèrent avec empressement à la maison commune, pour approuver l'adresse à l'Assemblée nationale et à son président BAILLY.

Apposèrent leur signature sur ce mémorable document :

Monforton, curé de la cathédrale Saint-Etienne,
Dupin, curé de la collégiale Saint-Caprais,
Marlène, chanoine prébendé de Saint-Caprais,
Miraben, id. id.
Vidal, id. id.
Lamothe Vedel, chanoine prébendé, député de Saint-Caprais.
Bardet, chanoine prébendé de Saint-Etienne,
Sabaros du Bédat, id.

25 juillet 1789 (suite).

de **Parades,** prêtre de l'Oratoire,
Goiran de Lacottière, id
R. F. **Rouen,** prieur des Augustins,
F. **Jausson** sacristain, id.
E. J.-B. **Noé,** gardien des Cordeliers,
F. **Landié,** député des Cordeliers,
F. **Pountiers,** syndic des Dominicains,
R. **Vialère,** Dominicains,
R. P. **Ducasse,** prieur des Carmes,
F. **Etienne,** Capucin,
Le **Gardien** des Capucins,
Labarthe, prêtre, député du séminaire,
Delard, id.
F. **Clément,** aumônier de la troupe nationale.
Monier, bénéficier, député,
F. **X.,** député des Tierçaires,
F. **Aché,** jeune, garde de Saint-François.

Au nom du Clergé.

L. **Ducros,** 1er consul,
J. **Pélissier,** jeune consul,
J.-B. **Tarry,** id.
J. **Andrieu,** id.
Rangouze de Beauregard, id.
Barsalou, fils de l'aîné, id.

Au nom du Corps municipal.

25 juillet 1789 (suite).

Raignac de Varennes ancien lieutenant de maire,
G. **Marchand,** député de l'élection,
Auguste **Gounon,** électeur,
Bergognié,
Martinelly,
Mélin, député du sénéchal,
Baron de **Beaulens,** président pour la noblesse,
Séré, député,
Buard, député,
Bru, député de Saint-Cirq,
Laboulbène,
Segond,
Laroche Mombrun, député.
Phiquepal, député,
Coutausse, médecin,
Sauturon, fils, médecin,
Lanes, député des arts libéraux,
Charpentier, orfèvre député,
Chaubard, électeur extra-muros.
Baraigne, *comisère* de Saint-Carans,
Ratéry, député de Sainte-Luce (des tailleurs)
Menne, syndic du commerce,
Dutrouilh, cadet, id.
J. J. **Belloc,** député des chirurgiens,
Noubel, député des arts libéraux.
Macary, député du corps des orfèvres,
Lacuée, député électeur,
Faugères, député de la communauté de St-Blaise
(des cardeurs).

25 juillet 1789 (suite).

Albaret, ainé, député de la communauté St-Blaise,
Pandélé, député du corps de l'Ascencion (des maçons),
Carrère, id. id.
Chambert, député de la boulangerie,
Joseph **Roy,** député de St-Eloi (orfèvres),
Géraud, ainé, député de la société bourgeoise,
Mouran, député des tisserants,
Lagrave, député de Sainte-Loi,
Laboubée, député, syndic des huissiers,
Carrière, député des perruquiers,
Delbrel, id.
Fontanié, député de la communauté des notaire,
Bonnet, id.
Vidalot du Sirat, avocat,
Castex, député des mestres tisserants,
Seigné, député de la corporation Saint-Pàul, (des cordiers)
Brun, id. id.
Reynal, député des boulangers,
Talliardat, député des charpentiers,
Ducos, id.
Philippe **Garsau,** député des loges,
Dupérié, député des procureurs,
Laroche, id.
Lalanne, député des menuisiers,
Dupouy, député des tailleurs,
Labonne, député des tisserants,

25 juillet 1789 (suite).

Poujol, député des tisserants,
Bory, avocat,
Boissié, secrétaire général des consuls,
Paulin **Hébrard**, député de la Société bourgeoise.
Laboulbène, député de la confrérie de St Crépin.

Les Commissaires élus pour rédiger l'adresse furent :

Boudon Saint-Amans,
Bergognié,
Bory,
Vidalot du Sirat,
Barsalou,
Hébrard.

Election d'un comité municipal permanent, pour veiller et garantir la tranquillité publique

70 votants :

Saint-Philip, lieutenant criminel, élu président,
Phiquepal,
Bory, avocat, } secrétaires,

Membres du Comité :

Lordman, lieutenant de maire,
Ducros, consul,
Pélissier, jeune, id.

25 juillet 1789. (suite)

Tarry, consul,
Andrieu, id.
Rangouze de Beauregard, id.
Barsalou, fils de l'aîné, id.

Aché, serger,
Albaret, aîné, fabricant,
Andrieu, m° en chirurgie,
Gounon, négociant,
Baraignes, aubergiste,
Bellecombe, ch. de Saint-Louis,
Belloc, m° en chirurgie,
Bergès, cordonnier,
Bonnet, notaire,
Brard, serger,
Brun, cordier,
Bru, menuisier,
Campagnac, ch. de Saint-Louis,
Carrère, maçon,
Caxtex, tisserant,
Chambert, boulanger,
Charpentier, orphèvre,
Chaubard, huissier, extra-muros,
Communal, charpentier,
Conquet, chapelier,
Cruzel, capitaine de la troupe bourgeoise,
Cazamajou, dép. du Passage,

25 juillet 1789 (suite).

Daurée de **Prades,** ch. de Saint-Louis,
Delbreil, perruquier,
Duburg, huissier,
Dupérier, procureur.
Dussol, négociant,
Fontanié, notaire,
Faugère, fabricant,
Fonfrède, médecin,
Foursan, greffier de la prévoté,
Gabriac, capitaine des troupes bourgeoises,
Garceau, boucher,
Laboissière, avocat, électeur du roy, intra muros.
Lagrave, épinglier,
Laboulbène, cordonnier,
Lalanne, menuisier,
Lanes, mᵉ ès-arts,
Larivière, tailleur,
Laroche Monbrun, ch. de Saint-Louis.
Laroche, procureur,
Lefort, traiteur,
Lhulier, notaire,
Macary, orphèvre,
Marchand, conseiller en l'Election,
Marcot, négociant,
Mouchet, id.
Mouran, fabricant,
Nolin, négociant,
Noyet, perruquier,

25 juillet 1789 (suite).

Noubel, imprimeur,
Pandelé, maçon,
Porrail, chapelier,
Picharry, l'aîné, dép. du Passage,
Ratery, tailleur,
Raynal, boulanger,
Roy, sellier,
Sauturon, médecin,
Sauvaud, lieutenant de Maréchaussée,
Seigné, cordier,
Seré, conseiller en l'Election,
Sirven, vigneron,
Taillardat, charpentier,
Varenne, ch. de Saint-Louis,
Vidalot du Sirat,
Vignoau, boucher.

---

5 août 1789.

Jurade du 5 août 1789.

Le comité permanent prête serment au roy. Il adopte un règlement d'ordre et de police aux termes duquel, il se divise en sept bureaux d'administration.

Il statue que la moitié des membres en exercice seront remplacés mensuellement en nombre égal.

Jurade du 1er septembre 1789.

Premier renouvellement par moitié des membres en fonction du comité permanent.

---

30 septembre 1789.

Jurade du 30 septembre 1789.

Le comité permanent convoqué par DUCROS, 1er consul, réforme quelques articles de son règlement.

En attendant la loi élaborée par l'Assemblée nationale, sur la nouvelle constitution des municipalités, il convint d'attribuer deux députés délégués par chaque corps de métiers, — quatre, aux commerçants de la ville et deux, à chaque paroisse de la banlieue.

Ces délégués devaient passer en fonction deux mois consécutifs et être remplacés chaque mois, par moitié.

Jurade mémorable du 27 octobre 1789.

Bory, avocat, président,
Vidalot du Sirat,
SaintPhilip,
} secrétaires.

27 octobre 1789 (suite).

Le comité des représentants de la Commune, prend spontanément la place et l'autorité attribuée jusqu'à ce jour au maire et aux consuls.

Il décide que l'entière administration municipale, civile et de police appartient au Comité composé des représentants de la Commune librement élus, à l'exclusion de tous autres.

Au nom de l'ancienne jurade, le consul PÉLISSIER, jeune, fait remise de ses pouvoirs et de ceux de ses collègues et reconnait ceux du comité.

Le procès de cette séance, admirablement rédigé par BORY, contient la revendication la plus habile et la plus expressive de toutes les libertés municipales.

Le nom des signataires mérite d'être conservé :

Barret de **Roux, Boé, Bouchol, Castarède, Caussade, Chalibat, Chalmel,** père, **Chaubard, Daribaud** de **Lacassaigne, Delpech, Dufau, Durand, Flages, Fournel,** jeune, **Fort, Gayral, Guitard, Jacquet, Laboulbène, Laclaverie, Landié, Laroche-Monbrun, Lasserre, Lavergne, Lombart, Lomet, Majourel, Mandiberon, Perren, Pinson, Plantié, Proché, Rouliès, Sauturon,** fils, **Sémézard, Sevin, Segond, Tonnelé-Gimbrède.**

2 novembre 1789.

Renouvellement mensuel par moitié des membres du comité représentants de la commune.

Saint-Philip, élu président.
Bory et Barret de **Roux**, secrétaires.

22 novembre 1787.

Le comité décide de choisir 21 notables et de les joindre aux 7 déjà élus, afin de former la liste des 28 édiles nécessaires à l'administration communales.

Les 7 élus furent :

Cruzel, bourgeois, place Saint-Hilaire,
Castelnaud, aîné, bourgeois, rue Porte-Neuve.
Pierre **Chambert**, boulanger, id.
Arnaud **Dulac**, marchand, rue Garonne,
Gayral, notaire, faubourg Saint Louis,
Saint-Philip, président,
Barret de **Roux**, secrétaire.

Les 28 nouveaux :

Charpaut, bourgeois, rue du Saumon,
Laroche, marchand, rue Molinié,
Louis **Barsalou**, père, à la porte du Pin,

22 novembre 1789, (suite).

de **Gasq**, écuyer, rue du Collège.
Roux, aîné, rue Saint-Gilis,
Marcot, aîné, négociant, rue Porte-Neuve,
Pélissier, aîné, id.
Amblard, oncle, droguiste, rue Cornières,
Colombier, bourgeois, rue du Pin,
Menne, négociant, rue Garonne,
Guiral du Colombier, rue de l'Escalette,
Bonnet, arpenteur, rue Saint-Pey,
Phélix **Illy**, négociant, rue Garonne,
Daressis, pensionnaire du roy, rue Saint-Hilaire,
Auguste **Gounon**, rue des pénitents gris,
Laroche, procureur, rue Saint Gilis,
Fontanié, notaire, rue Villeneuve,
Barsalou, aîné, père, négociant, rue des Arènes.
Segond, id. rue du Pin,
Chaudordy, praticien, rue Maillé,
Fournet, aîné, marchand, rue Cornières.

1er décembre 1789.

Renouvellement des délégués des divers corps de ville par 70 membres.

Saint-Philip, réélu, président,
Canuet, avocat, } secrétaires,
Laboissière, id.

---

3 décembre 1789.

Lettre du président de l'Assemblée nationale répondant au comité d'Agen — exposant que les fonctions municipales d'Agen devaient être exercées jusqu'à nouvel ordre, par le comité et par ceux des officiers de l'ancienne édilité pourvus de titres de finances.

Lettre patentes du roy, du 14 décembre 1789,

Visant les délibérations de l'Assemblée nationale et touchant la constitution des municipalités.

L'article 14 portait :

Le nombre de 12 membres à élire, au scrutin de liste, pour les villes de 10 à 25.000 habitants,

Agen, notamment :

Maire à élire à la pluralité absolue,

Un procureur, id., (sans voix délibérative), défenseur des intérêts de la commune,

Un substitut, id. devant siéger dans les villes au-dessus de 10,000 habitants.

Election d'un corps de notables double en nombre des conseillers municipaux (Agen 24), pour former le conseil général de la commune ;

Le Maire en exercice pendant deux ans, — rééligible pour deux autres années seulement ;

Conseillers municipaux et notables élus pour deux ans.

Lettres patentes du roy, datées de Paris, le 6 janvier 1790,

Visant le décret rendu par l'Assemblée nationale, le 29 décembre 1789 et ordonnant la convocation des assemblées pour la composition des municipalités,

« Après la publication des présentes et sans délai, il sera procédé à leur exécution.

« Les citoyens actifs s'assembleront pour composer les municipalités à l'effet de quoi, les officiers municipaux seront tenus de faire les convocations et de rendre compte de leur exécution. »

Séance du 27 Janvier 1790.

L'Assemblée nationale ayant voté le 14 décembre 1789, la nouvelle constitution des municipalités et la convocation des assemblées pour leur élection, le comité d'Agen fixe au 18 février, les élections.

Il divise la ville et la banlieue en six quartiers, savoir :

1er, les paroisses de Monbran, Mérens, Saint-Ferréol, Cassou, Paulhiac et Serres votent à l'église des Capucins, sous la présidence de M. de **Villeneuve**;

2e, Saint-Vincent des Corps, Saint-Hilaire de Colayrac, Artigues le quartier Sainte-Croix, votent à l'église des Jacobins, président M. **Saint-Philip**;

3e, Cayssac, Monréal, Saint Denis-Lasgourgues, Boé, Sainte-Foy la campagne, la Capelette Renaud, Saint Pey de Gaubert, à l'église des Pénitents bleus ; président M. **Fontanié**;

4e, Sait-Cyr, Cardounet, Foulayronnes, à l'église de l'Annonciade, président M. **Laboissière**;

5e, Saint-Julien, Saint-Martin, Sainte-Foy de Jérusalem, Saint-Caprais-de-Lerm, Sainte-Ruffine, Monbusq, à l'église de la Visitation, président, M. **Dayries**;

6e, Dolmayrac, Sainte-Radegonde, à l'église du Tiers ordre, président, M. **Cahuac**.

La capacité électorale exigée était :

1° d'être domicilié dans la commune, depuis un an;

2° majeur, âgé de 25 ans ;

3° payer une contribution de 3 livres, ou bien 3 journées de travail; — de n'être ni domestique, ni serviteurs à gages.

La 1re section renfermait 95 électeurs
    2e — 92 —
    3e — 45 —
    4e — 75 —
    5e — 140 —
    6e — 62 —

    Ensemble....... 509 votants.

---

19 février 1790.

Election du Maire d'Agen.

Présidence de M. **Saint-Philip**, avec MM. **Laboissière** et **Renaud**, secrétaires.

Votants : 509

Laroche-Monbrun, chevalier de Saint-Louis, obtint 277 voix — fut élu maire d'Agen.

---

20 février 1790.

Election municipales pour un procureur de la commune.

Votants : 355

Bory, avocat obtint 297 voix. Il fut élu.

Scrutin pour l'élection d'un substitut du procureur de la commune.

Sur 400 votants, pas d'élection au 1er tour,
— 454 — — 2e —
— 350 — **Laroche,** procureur, est élu au 3e tour.

---

24 février 1790.

Election de 11 officiers municipaux. Votants 495, — pas d'élection au 1er tour.

---

25 février 1790.

Votants : 405, pas d'élection au 2e tour.

Votants : 421. — Elus au 3e tour:

Lafont du Cujula	234 suffrages.
Faucon, père,	196
Fonfrède, médecin,	191
Saint-Amans,	189
Mauron,	180
Magene, cadet, près les Capucins,	180
Marcot, négociant,	176
Pigassou, teinturier,	163
Phiquepal, avocat,	158
de **Sevin,** aîné,	139
Fontanié, notaire,	128

---

26 février 1790. — Election de 24 notables.

Votants 377

Bergognié, conseiller au Présidial,	126
Renaud, avocat,	119
Barsalou, père,	114
Sicre, teinturier,	113
Cahuac, bourgeois,	112
Gayral, notaire,	110
Dayries, procureur,	109
Lacuée, assesseur au Présidial,	105
Marraud, avocat,	105
Mouchet, négociant,	102
Lamouroux, id.	95
Andrieu, bourgeois,	95
Dauzac de Campagnac,	93

26 février 1790 (suite).

Castelnaud, ainé, bourgeois,	89
Pélissié, ainé, négociant,	81
Parades, supérieur du collège,	81
Martinelly, avocat du roy,	80
Cruzel, bourgeois,	80
Marchand, conseiller en l'Election,	77
Vidalot du Sirat, avocat,	73
Albaret, greffier en l'Election,	74
Gignoux, prieur des Nogaro,	74

28 février 1790.

Les 11 officiers municipaux, le procureur et son substitut, plus les 24 notables réunis, prêtèrent serment entre les mains du nouveau maire M. de **Laroche-Monbrun,** dans l'église des Jacobins. Ils signèrent ensemble le procès-verbal.

4 mars 1790.

Division de la France en 83 départements.

1er avril 1790.

Formation du Lot-et-Garonne.

Dans la salle de l'hôtel de ville, le conseil municipal réuni sous la présidence de M. **Laroche-Mombrun,** maire,

1er avril 1790 (suite)

MM. le Marquis de **Fumel-Montaigut**, de **Cessac** et **Saint-Amans**, firent connaître leurs pouvoirs de commissaires chargés, 1° de la formation des Assemblées primaires et d'administration ; 2° de l'organisation des communes et du département en neuf districts, savoir :

Agen, Nérac, Casteljaloux, Tonneins, Marmande, Villeneuve, Valence, Monflanquin et Lauzun.

1791.

Le Lot-et-Garonne fut administré par un Directoire successivement composé de MM :

Boudon de Saint-Amans, président,
Depère, de Mézin,
Fonterouget, d'Agen,
Lafont du Cujula,
de **Gironde**, de Valence,
Auricoste, de Villeréal,
Cassaigneau, de Damazan,
Coutausse, de Miramont,
Barsalou, aîné, d'Agen,
Brescou, de Mézin,
Crebessac, de Clairac,
Lamarque, de Marmande.

1792.

Bayle, aîné, de Marmande,
Lavigne, de Tonneins,
Durand, d'Agen,
Lacoste, d'Agen,
Lapeyronie,
Latour Lagravère.
Sainte-Marie de Saint-Loup (d'Auvillars).

1792 (suite).

L'Edilité agenaise était subordonnée au Directoire départemental.

Les fonctions de maire furent remplies par **Lafont du Cujula,** celles de procureur de la commune par **Barsalou,** fils, de l'aîné, et celle du substitut du procureur, par Raymond **Noubel.**

1793.

Les représentants du peuple **Tallien** et **Paganel** réunis dans l'église des Carmélites, (aujourd'hui Lycée national), avec l'Assemblée des patriotes, conférent les pouvoirs de la commune aux citoyens :

Géraud, aîné, chirurgien, en qualité de maire, chargé de l'ordre public,
Carrié, — des subsistances,
Lafitte Del prieu, — des impositions,

1793 (suite).

Fontanié, **Charpentier,** **Eymond,**	du tribunal de police.
Macary, **Delbourg,** **Fournet,** jeune,	du bureau des enfants de la patrie
Fourès, —	du bureau militaire,
Batailhey, —	de la police des prisons.

Le Conseil fut ainsi complété dans la séance du 31 mai 1793.

1794.

Le 15 germinal an III, (4 avril 1794), **Treilhard,** représentant du peuple, en mission dans le Lot-et-Garonne, réorganisa les municipalités.

Celle d'Agen, fut ainsi constituée :

Bureau municipal,	**Géraud,** aîné, maire,	
—	**Sarrazasin,** officier municipal,	
—	**Chaubard,** aîné,	id.
—	**Vital,**	id.
Bureau militaire,	**Fourès,**	id.
—	**Faucon,** fils,	id.
Maison d'arrêt,	**Segond,**	id.

1794 (suite).

Enfants de la patrie.	**Debuc,** (Michel), officier municipal,	
—	**Lauzun,** père,	id.
Divorce.	**Eymond,**	id.
Tribunal de police.	**Menne,**	
—	**Eymond,**	id.
—	**Faucon,**	
Impositions.	**Sarrazin,**	id.
Comptabilité.	**Vidal.**	id.

Le 29 fructidor an III (15 août 1794), le conseil est ainsi composé :

C. M. **Lafont** du **Cujula,** maire,
Fourès,
Eymond,
Vital,
Second,
Sarrasin,
Menne,
Lauzun,
Debuc, (Michel),
Faucon.

Le 25 octobre 1794, (5 brumaire an 4)

Lafont, ayant été nommé commissaire exécutif, par l'Administration départementale, donne sa démission de maire.

1794 (suite).

Menne, nommé commissaire national, quitte les fonctions d'officier municipal, le 1er novembre 1794.

Le 4 novembre 1794 (13 brumaire), nomination de 5 officiers municipaux savoir :

> **Noubel,** Raymond,
> **Albaret,**
> **Fizelier,**
> **Barsalou,** cadet, fils de l'aîné,
> **Gardette,** avoué.

Ils siégèrent avec :

> **Fourès,**
> **Menne,**
> **Vital,**
> **Sarrazin,**
> **Eymond,**
> **Chaubard,**
> **Faucon,**
> et **Barsalou,** fils de la Liberté, procureur de la Commune.

1795.

Le 11 octobre 1795, la municipalité fut réorganisée ainsi qu'il suit :

> Joseph **Raymond,** président,

1795 (suite).

Menne, commissaire du Directoire exécutif.
Sembauzel,
Barsalou, cadet,
Fizelier, avocat,
Andrieux, du poids de la ville,
Barbier Lasserre.

La ville fut divisée en deux sections et pourvue de deux commissaires de police.

Dans la section de Commune, **Dutrouilh,** aîné, fut nommé commissaire de police; dans la 2e, celle de l'hôpital, ces fonctions furent données à **Lavergne.**

1796.

D'après la Constitution de l'an III, les officiers municipaux devaient être renouvelés par moitié, au 1er germinal.

1797. — Mars.

Joseph **Raymond,** fut réélu président, avec ses collègues et installé le 1er avril 1767.

1798. — Avril.

Les Assemblées primaires procédèrent au renouvellement de la municipalité.

Castelnaud fut élu président et installé avec ses collègues.

Quelques jours après, **Chaudordy** fut président. Il siégea en cette qualité avec :

> **Nolin,**
> **Trop-Amer,**
> **Bonnet,** administrateurs
> **Lhulier,**
> **Baradat,**

Menne remplissant les fonctions de commissaires du Gouvernement.

1799.

La nomination des officiers municipaux devait se faire en avril 1799. Elle fut ajournée au 22 août suivant, à cause des divisions intestines qui agitaient la ville.

Le citoyen **Fizelier**, avocat fut élu président. Il prêta avec ses collègues, le serment prescrit par la loi du 12 thermidor an VII.

1800.

Le 11 ventôse an VIII, ROUGIER-LABERGERIE devint le premier préfet de Lot-et-Garonne. Il ne fut pas installé.

1800 (suite).

Le 18 ventôse, an VIII, PIEYRE, originaire du Gard, fut nommé préfet de Lot-et-Garonne.

BONAPARTE, 1er consul, composa, par décret du 1er avril 1800, la municipalité d'Agen, de MM. :

Raymond, Joseph, maire,
Chaudordy, notaire, 1er adjoint,
Dutrouilh, aîné, négociant, 2e adjoint,
Montesquieu, aîné,
Marchand, ex-juge,
Leyniac, fils,
Bergognié, juge,
Faucon, fils,
Andrieu, propriétaire,
Laroche-Monbrun, aîné,
Marcot, propriétaire,
Cruzel, cultivateur,
Bory, juge,
Biot, négociant,
Illy, Félix,
Moncaut, propriétaire,
Castelnaud, aîné,
Lacuée, aîné,
Pélissié, Joseph,
Lhulier, fils,
Barsalou, cadet,
Landié, propriétaire,
Duvignaud, officier du génie,

1800 (suite).

Hugon, avoué,
Albaret, facturier,
Mouchet, père,
Boé, fils, facturier,
Barbier-Lasserre,
Menne, fils,
Londic, marchand facturier,
Dayries, père,
Guénin, négociant.

Ils entrèrent en fonction le 25 mai 1800.

1801.

Dutrouilh, aîné, étant mort, **Bory,** fils, avoué, le remplaça le 19 mars 1801, en qualité d'adjoint.

Raymond, (Joseph), mourut le 21 novembre de la même année. Le Gouvernement consulaire confia les fonctions de maire, le 8 décembre 1801, à de **Sevin,** aîné (1), lequel prêta serment le 6 janvier 1802 et fut installé le lendemain.

Duprat, propriétaire, fut substitué à **Duvigneaud.**

---

(1) M. de Sevin, (Jean Chrysostôme) seigneur de Ganet, Talive et baron de Ségougnac,— descendant de Jacques de Sevin, juge mage d'Agen, en 1508, et d'Hermant de Sevin, son fils et successeur dans la même charge, mort en 1572, — se maria en 1793, à demoiselle Lise Florent MANAS de LARNEZAN, avec laquelle il eut huit enfants.

La famille de Sevin est originaire du château de Sévi, en Piémont. Elle s'est fixée en France, vers la fin du XVe siècle, avec les prélats italiens qui occupaient, à cette époque, le siége épiscopal d'Agen.

1803 — 1804.

Le 11 prairial an XII, le Gouvernement, sur la présentation de l'Assemblée du canton et conformément à l'art. 10, du Sénatus Consulte organique du 16 thermidor an X, nomma comme nouveaux conseillers :

Laroche-Monbrun, Marc-Antoine-Jean Charles-François,
Duprat, Pierre, aîné, (sorti en 1808),
Canuet, François, aîné,
Marchand, Guillaume, (sorti en 1814),
Lugat, Claude-Anne, fils,
Falagret, Joseph, jeune,
Villeneuve, père,
Mouchet, Jean-Louis,
Guénin, Jean,
Leyniac, François, fils.
Barsalou, fils cadet.
Assolent, Jean-Gary-Gilbert,
Saint-Gilis, Jean-Henry,
Secondat, jeune,
Bellecombe-Sarrazin, Jean-Raymond.

Les anciens étaient :

Faucon,
Andrieu, propriétaire, (sorti en 1808,)
Marcot, id.
Cruzel, cultivateur. id.
Bory juge,

1803 — 1804.

Illy, Félix, — sorti en 1808,
Castelnaud, ainé, — sorti en 1813,
Pélissier, Joseph,
Lhulier, fils,
Hugon, avoué,
Boé, fils, facturier,
Barbier-Lasserre, — sorti en 1808,
Menne, fils,
Dayries, père,
Barsalou, cadet.

1806.

Le 26 mars 1806, M. le comte VILLENEUVE de BARGEMONT, originaire de Provence, fut nommé préfet d'Agen.

1809.

L'Empereur, par décret daté du camp impérial de Schœmbrun, le 29 septembre 1809, nomme nouveaux membres du conseil :

Dauzac, (M. V.) en place de **Duprat,** optant,
Diché, Jean, ainé, — **Andrieu,** optant,
Barsalou, Anthoine — **Barbier** Lasserre, id.
Parades, Pierre, — **Villleneuve,** décédé.
Candelon, J.-B., — **Illy,** Félix, décédé.

1813.

Après les élections municipales, un décret impérial du 3 avril 1813, maintint en fonction :

de **Sevin**, maire,
Chaudordy, père, 1er adjoint.
Bory, fils, 2e adjoint.

Ils furent installés le 20 mai suivant.

1814.

Elections du 30 décembre 1814.

Faucon, Jean-Baptiste,
Marcot, Claude,
Martinelly, aîné,
Aunac, Antoine,
Lassalle, Caprais-Cabiran,
Goulard, Antoine-Marie,
Bergognié, père,
Dayries, père,
Seynet, père,
Menne, fils aîné,
Godailh, (sorti en 1816),
Canuet,
Dumon, père,
Carrié, Joseph,
Gignoux, Auguste,

1814 (suite).

Descressonnières, aîné,
Hébrard, Paulin,
Dauzac,
Parades.

1815.

Le 6 avril 1815, ROUEN DES MALETS, est nommé préfet.

Par arrêté préfectoral (13 avril 1815), **Marcot** et **Canuet,** jeune, sont nommés adjoints,

Bory, fils, avait donné sa démission d'adjoint et **Chaudordy,** révoqué.

Le 6 mai 1815, le baron MARCHAND, conseiller d'Etat, commissaire impérial extraordinaire dans la 20e division militaire, procède, en vertu d'un arrêté du 4 courant, aux nominations de maire, adjoints, commissaire de police et conseillers municipaux d'Agen.

de **Sevin,** aîné, maire,
Menne, fils aîné, 1er adjoint,
Lassalle, avocat, 2e adjoint,
Marcot, conseiller,
Aunac, —
Barret-Lavedan, père, —

6 mai 1815 (suite).

Goulard-Dayries, conseiller,
Bergognié, —
Lauzun, aîné, —
Dayries, père, —
Seynet, père, —
Bauthian, juge, —
Canuet, jeune, —
Dumon, père, —
Carrié, père, —
Hébrard, Paulin, —
Descressonnières, aîné —
Leyniac, père, —
Barsalou, cadet, —
Saint-Gilis, —
Eymond, —
Dauzac, —
Canuet, aîné —
Gignoux, Auguste, —

Delbourg, aîné, commissaire de police.

Départ de M. de **Sevin**, maire et député pour Paris, (10 mai 1815).

Il y resta pendant les Cent jours, puis rentra à Agen, le 7 août et donna sa démission de maire 10 jours après.

24 août 1815.

Chaudordy et **Bory** réintégrés dans leurs fonctions de 1er et 2e adjoints installent

M. de **Lugat,** (Claude), nommé maire provisoire d'Agen, par arrêté préfectoral du 17 août 1817.

La nomination définitive, datée des Tuileries, le 5 septembre 1815, fut reçue à Agen, pour ampliation, le 24 du même mois.

---

3 novembre 1815.

Arrivée Agen, de M. le Marquis de GUER, préfet de Lot-et-et-Garonne, en place de M. le comte de VILLENEUVE, nommé à Marseille.

---

18 avril 1816.

Par ordonnance royale, M. MUSNIER DE LA CONVERSERIE remplace comme préfet, M. de GUER.

---

25 avril 1816.

Une ordonnance royale confirme dans leurs fonctions respectives de **Lugat, Chaudordy** et **Bory.**

---

16 juillet 1816.

Mort de Henry de **Saint-Gillis,** conseiller municipal.

1817.

Par ordonnance royale du 14 mai 1817, sont nommés conseillers municipaux d'Agen :

Rivière, Jean-Louis, 1er avocat général, en remplacement de **Menne,**

RouxLassale, (Raymond), négociant, en remplacement de **Lassalle,** Caprais,

Tropamer, (Joseph), président du tribunal civil, en remplacement de — **Saint-Gilis,** décédé,

Bonnet, François-Léon, propriétaire, en remplacement de **Uchard,** décédé,

Nebout, Jean-Pierre-Thomas, procureur du roy, en remplacement de **Godailh,** démisionnaire,

Lafontan, Antoine, conseiller à la cour, en remplacement de **Barsalou,** jeune.

   Dauzac,
   Parades, père,
   Carrié,
   Gignoux, Auguste,
   Descressonnières, ainé,
   Hébrard, Paulin,
   Faucon, Jean-Baptite,
   Marcot, Claude, (mort en 1818),
   Martinelly,
   Raignac-Varennes,
   Goulard, Antoine,

1817 (suite).

Dayries, père,
Seynet, père,
Canuet, jeune,
Aunac, Antoine,
Dumon, père.

1821.

Louis XVIII, nomma le 19 août 1811, conseiller municipaux d'Agen :

Belloc, J.-B., en place de **Canuet,** aîné décédé,

Duprat, Auguste, en place de **Canuet,** jeune décédé,

Labie, (Louis), en place de **Secondat-Montesquieu,** décédé,

Bayne, Gilbert, en place d'**Assolent,** (Gaspard-Gilbert, mort le 18 août 1821.)

Installés le 16 décembre 1821.

1822.

Nominations du 10 juillet 1822.

Chaudordy, Thomas, remplace **Argenton,** décédé le 30 octobre 1821,

Cassaigneau, Pierre-Victor, remplace **Carrié,** Joseph, mort le 13 mai 1822.

1825.

Nominations du 4 mai 1825.

de **Groussou**, Jean François, à la place de **Nebout**, décédé,

Daubas de Ferrou, Henry, à la place de **Falagret**, décédé,

Laborde, Saturnin, à la place de **Hébrard**, démissionnaire,

Berthoumieux Lamer, Urbain, à la place de **Bayne**, démissionnaire,

Dayries, Marc-Joseph, à la place de **Faucon**,

Cauboue, Gérard, à la place de **Seynet**.

1826.

Ordonnance datée des Tuileries, le 28 décembre 1826, contre-signée de **Corbières**, ministère de l'intérieur, nommant :

de **Lugat**, Anne-Claude, maire,
Chaudordy, Jean Caprais, 1er adjoint,
Bory, Jean-Baptiste, 2e adjoint. Celui-ci meurt le 5 juin 1826.

Une ordonnance royale datée de Saint-Cloud, le 9 août 1826, nomme :

Cassaigneau, Jean-Pierre-Victor, gendre de **Bory**, 2e adjoint.

1828.

Le 9 janvier 1828, de **Lugat,** député, allant siéger à la Chambre, délégue ses pouvoirs à **Chaudordy** et à **Cassaigneau.**

Nominations du 1er mai 1828.

Labouysse, Félix, en place de **Guénin,**

Leyniac, fils, en place de **Leyniac,** père,

de **Léonard,** Alphonse, en place de **Daubas de Ferrou**

Cassaigneau, Emile, en place de **Cassaigneau,** Victor.

---

23 novembre 1828.

Le baron FEUTRIER, est nommé préfet de Lot-et-Garonne.

Nominations du 19 juillet 1829.

de **Raymond,** en place de **Raignac,** aîné,

Carrié, Etienne Auguste, en place de **Labie,** mort le 26 avril 1829,

de **Groussou,** Henry, à la place de **Groussou,** Jean-François,

Laurière de Moncaut, Etienne, à la place de **Roux Lassalle,** domicilié ailleurs,

Hybre, François, à la place de **Duprat,** id.

Barsalou, Rotch, à la place de **Barsalou,** Clément, décédé le 14 décembre 1828.

20 avril 1830.

M. BEAUNE est nommé préfet à Agen.

---

12 août 1830.

Démission collective de M. de **Lugat,** maire, et de MM. **Chaudordy** et **Cassaigneau,** adjoints.

Délégation donnée à M. **Aunac,** conseiller, pour remplir les attributions d'officier de l'Etat civil.

Ordonnance royale du 2 septembre 1830, portant nominations de MM. :

de **Raymond,** Adolphe, maire,
Menne, aîné, 1er adjoint,
Baze, avocat, 2e adjoint.

Installés le 12 septembre 1830, par M. **Argenton,** conseiller de préfecture.

Nominations de conseillers municipaux, par ordonnance du 12 octobre 1830.   MM.

Menne, Jean-Baptiste, remplace M. de **Raymond,** nommé maire,

de **Sevin,** aîné, remplace M. de **Léonard,** démissionnaire,

Noubel, Raymond, remplace M. **Labouysse,** démissionnaire,

1830 (suite).

Amblard, Louis-Désiré, remplace M. **Cassaigneau,** démissionnaire,

Forges, Jean, remplace M. **Dayries,** démissionnaire,

Goulard, Georges, remplace de M. **Parades,** démissionnaire,

Pernot de Fontenoy, remplace M. **Martinelly,** aîné, démissionnaire,

Cabrit, fils aîné, remplace de M. **Moncaut,** id.

Boudon Saint-Amans, remplace M. **Bonnot,** id.

Bourrousse de Laffore, Marcelin, remplace M. de **Groussou,** id.

Phiquepal d'Arusmont, Sylvain-Gérôme, remplace M. **Rivière,** id.

Goulard, Auguste,
Bergognié, père,
Dumon, père,
Gignoux, Augustin,
Tropamer,
Lafontan,
Belloc, Jean-Baptiste,
Chaudordy, fils,
Laborde,
Lamer,
Cauboue,
Leyniac,

1830 (suite).

Carrié,
Hybre,
Barsalou, Rotch,
Labat, Jacques-Nicolas.

Elections de 1831.

D'après la loi du 21 mars 1831, les villes de 10 à 30.000 habitants eurent le droit de nommer 27 conseiller.

Agen, de ce nombre, fut divisé en 5 sections renfermant ensemble 741 électeurs censitaires, dont le 5e c'est-à-dire 148 étaient suffisants pour valider l'élection.

Elections.

MM. **Aunac,** oncle,
Ducos, avocat,
Chaudordy, avocat,
Glady, Casimir, avoué,
Noubel, Raymond,
de **Raymond,** maire,
Bouet, Florian, avocat,
Lacuée, (baron de)
Barsalou, Amand,
Aldiger, aîné,
Gué, fils,
Gauthier, aîné,
Tarry, Honoré, médecin,
Lafontan, père, président à la Cour,

1831 (suite).

Carrié, auditeur à la Cour,
Labie, Louis, avoué id.,
Bourrousse de Lafforc, docteur-médecin.
Menne, ainé, adjoint,
Baze, avocat, adjoint,
Barsalou, Marcellin,
Cabrit, fils ainé,
Augarde, Samuel, teinturier,
Phiquepal d'Arusmont, conseiller,
Amblard, Chéry, pharmacien,
Ferret, fils.
Lasserre, neveu.

Ils prêtèrent serment et furent installés le 8 décembre 1831.

1832 — 14 janvier.

MM. de **Raymond,** est nommé maire,
Glady, Casimir, 2e adjoint, en remplacement de M. **Baze,** démissionnaire, et puis 1er adjoint par la retraite de M. **Menne.**

1833 — 21 janvier.

M. BRUN est nommé préfet de Lot-et-Garonne.

Nous donnons sous forme de quelques tableaux plus complets la suite chronologique des élections municipales, afin de nous conformer à la teneur des registres de la mairie.

Nouveau Conseil.

1834. *Séance d'installation, le 22 décembre 1834.*

Année de l'élection.	MM.	DATES de Naissance.	NOMBRE de suffrages.
1831	**Baze,** Jean-Didier,	8 Janvier 1800	77
1834	**Menne,** aîné.	12 Septembre 1771	72
1831	**Barsalou,** Marcelin.	4 Décembre 1791	72 décès 5 fév. 1836
1834	**Barsalou,** Rotch.	26 Avril 1794	71
1831	comte de **Raymond,**	20 Juin 1783	67
1834	**Cassaigneau,** Victor,	15 Janvier 1792	66
1834	**Aunac,** père.	22 Juillet 1764	65
1831	**Chaudordy,** Thomas,	6 Octobre 1781	65
1834	**Ducasse,**	22 mai 1794	64
1834	**Goulard,** Adolphe,	27 août 1785	64
1831	**Augarde,**	2 avril 1794	62
1834	**Laffore,** docteur-médecin.	9 août 1782	61
1831	**Glady,** Casimir,	6 Mai 1797	61
1834	**Gignoux,** Augustin,	6 Mai 1769	60
1831	**Aldigé,** aîné,	13 Avril 1784	60
1831	**Carrié,**	3 Avril 1780	59
1834	**Lebé,** aîné,	31 Mars 1782	59
1834	**Bergognié,** fils,	12 Novembre 1784	59
1834	**Forges,** père,	23 Mai 1780	58
1831	**Ferret,** fils,	30 Décembre 1796	58
1831	**Lasserre,** neveu,	23 Décembre 1785	56
1834	**Cabrit,** fils aîné,	15 Avril 1796	56
1834	**Barret de Lavedan,**	13 Mai 1781	55
1834	**Tropamer,** Joseph,	3 Octobre 1767	53
1834	**Pernot de Fontenoy,**	31 Octobre 1772	53
1831	**Bouet,** Florian,	17 Décembre 1798	53
1834	**Ducos,** avocat.	5 Décembre 1775	48

M. **Bouet,** fut élu secrétaire.

1836. — M. **Lafontan** est nommé 2e adjoint, par la retraite de M. **Menne,** aîné, et l'élévation de M. **Glady,** aux fonctions de 1er adjoint.

1837 — Nouvelle composition du conseil, installé le 26 juin 1837.

DATE de l'élection	MM.	DATES de Naissance.	NOMBRE des suffrages.
1837	de **Raymond**, Tertius-Félicité-Ferdinand-Joseph-Sylvère,	—	96
»	**Glady**, Casimir-Rose-Dominique,	—	83
»	**Faucon**, aîné, Antoine,	25 Septembre 1796.	78
»	**Lapoussée**, Firmin, avocat,	26 Septembre 1800.	73
1834	**Menne**, aîné, Jean-Bernard,	—	72
1837	**Bouet**, Bernard-Florian,	17 Décembre 1798.	72
1834	**Barsalou**, Rotch.	—	71
»	**Cassaigneau**, Victor,	—	66
»	**Aunac**, père, Antoine,	—	65
»	**Ducasse**, Pierre,	—	64
»	**Goulard**, Firmin-Adolphe,	—	64
1837	**Ducos**, Jean,	—	63
1837	**Ferret**, fils, François Noël,	—	62
»	**Lafontan**, jeune, Alexandre,	4 Avril 1800	62
1834	de **Laffore**, Pierre-Marcellin,	—	61
»	**Gignoux**, Augustin, remplacé par **Maydieu**,	1er Août 1837	60 décédé
»	**Lebé**, Jean-Baptiste-Louis-Pascal,	—	59
»	**Bergognié**, Alex.-Martyre-Réné,	—	59
»	**Forges**, Jean,	—	58
1837	**Baze**, Jean Didier,	—	58
1834	**Barret de Lavedan**, P.-F.,	18 Mars 1839	55 décédé
1837	**Cabrit**, aîné, Pierre,	—	55
1834	**Tropamer**, Joseph-Hilaire,	—	53
»	de **Fontenoy**, Louis-Gabriel-Angéliq.	—	53
1837	**Aldigé**, aîné, Pierre,	—	48
»	**Carrié**, Etienne-Auguste-Pacifique,	—	44
»	**Chaudordy**, J.-B.-Thomas.	—	43

1839 — 30 janvier. — M. le baron ROUGIER DE LA BERGERIE, préfet des Vosges est nommé préfet d'Agen.

1839 — M. **Menne**, aîné est nommé maire provisoire et MM. de **Raymond** et **Glady**, adjoints.

Le 29 mai 1839, M. BRUN, qui avait remplacé M. ROUGIER, à la préfecture d'Epinal, revient préfet à Agen et M. ROUGIER rentre dans les Vosges.

1840. — Elections pour le renouvellement triennal du conseil municipal et son installation le 26 juillet 1840.

DATE de l'élection	MM.	DATES de Naissance.	NOMBRE des suffrages.
1840	**Menne**, aîné,	—	99
1837	comte de **Raymond**,	—	96
1840	**Ducasse**, Pierre,	—	90
»	**Amblard**, Chéry,	—	90
»	**Barsalou**, Rotch.	—	89
»	**Aunac**, père.	—	88
1837	**Glady**, Casimir,	—	83
1837	**Faucon**, aîné,	—	78
1840	**Cassaigneau**, Victor,	—	77
1837	**Lapoussée**,	—	73
»	**Bouet**, Florian,	—	72
1840	**Job**, Jean-Gratien.	14 Février 1802	70
»	**Maydieu**, Jean, jeune,	4 Novembre 1798	68
»	**Pernot de Fontenoy**,	—	65
»	**Lebé**,	—	64
1837	**Ducos**, Jean,	—	63
1840	de **Luga**', Anne Claude,	20 Février 1769	62
1837	**Ferret**, fils,	—	62
»	**Lafontan**,	—	62
1840	**Leyniac**, Antoine-Paul,	25 Janvier 1787	58
1837	**Baze**,	—	58
»	**Cabrit**, aîné.	—	55
1840	**Forges**, père,	—	54
1837	**Aldigé**,	—	48
»	**Carrié**,	—	44
»	**Chaudordy**,	—	43
1840	**Phiquepal**, Sylvain-Hippolyte,	13 Août 1786	40

1841 — 4 février.

M. le comte de **Raymond,** fut réinstallé maire, avec MM. **Glady,** 1er adjoint et **Menne,** Jules, 2e adjoint.

1843.

En 1843, le conseil est composé de MM.:

Comte de **Raymond**, maire, **Lapoussée, Menne**, aîné, **Baze, Faucon**, aîné, **Glady**, adjoint, **Labie, Ducasse, Amblard**, Chéry, **Barsalou**, Rotch, **Aunac**, père, **Chaudordy, Ferret**, fils, **Cassaigneau, Michel**, avoué, **Andrieu**, docteur de **Laffore, Destermes**, notaire, **Lebé, Job**, ingénieur, **Maydieu**, de **Sevin, Delor**, de **Lugat, Forges**, père, **Phiquepal, N.**

1846.

Le conseil se compose de MM.:

Comte de **Raymond**, maire, **Lapoussée, Barsalou**, Rotch, **Baze, Faucon**, aîné, **Glady**, adjoint, **Labie, Lebé,** de **Laffore, Chaudordy, Ferret, Cabrit, Brocq, Phiquepal, Cassaigneau,** de **Lugat, Menne,** Jules, adjoint, **Ducasse, Michel, Aunac**, fils aîné, **Andrieu, Destermes**, notaire, **Gué, Fournel**, avocat, de **Sevin, Delor, Amblard,** Chéry.

1848.

A la suite de la Révolution du 24 février, M. Gaspard DUBRUEL, de Villeneuve, est nommé le 3 mars, commissaire du Gouvernement provisoire dans le Lot-et-Garonne.

Il dissout la municipalité d'Agen, et le 5 mars, nomme une Commission administrative composée de MM. :

Amblard, Vincent, docteur **Chaulet**, Auguste **Andrieu**, notaire, **Pichon**, avoué, Léon **Beaugrand**, avocat, et **Gautier**, Edouard, pharmacien.

1848 — 15 mars.

M. BÉRARD, Jules, succède à M. DUBRUEL, en qualité de commissaire central.

Il procède, le lendemain 16 mars, à la réorganisation de la commission municipale, sous la présidence de M. **Amblard**, Vincent, avec MM. :

Beaugrand, Léon, avocat,
Pichon, avoué,
Andrieu, Auguste, notaire,
Lapoussée, Firmin, avocat,
Chaulet, médecin,
Gautié, Edouard, pharmacien,
Michel, avoué.

1848.

Le 10 avril 1848, M. DUBRUEL est réinstallé dans ses fonctions de commissaire central.

Le 1er mai 1848, M. SAINT-MARC-RIGAUDIE, (décédé le 13 juillet 1869), succède à M. DUBRUEL.

Le 19 juin 1848, M. BALLON, remplace M. RIGAUDIE, en qualité de préfet.

Le 20 juillet, M. Paul CERÉ prend la place de M. BALLON.

Elections municipales du 1er août 1848.

MM. Gué, aîné, Baze, Amblard, Vincent, Beaugrand, Andrieu, Alain, Cassaigneau père, docteur Labesque, Darodes, Gouzet, Ferret, Castaing, de Sevin, Bouchol, Jonqua, Chaudeborde, Dutrouilh, Auvergnon, Menne, Jules, Ducourneau, aîné, Escadafals, Lable, Michel, Aunac, fils, Destermes, Franclet, de Léonard.

Le 27 octobre 1848, par décret signé du général CAVAIGNAC,

M. **Menne,** Jules-Pierre, fut nommé maire,
M. **Darodes,** François-Victor, 1er adjoint,
M. **Michel,** Jean, 2e adjoint.

Installés le 11 novembre suivant.

Après l'élection à la Présidence de la République du prince LOUIS BONAPARTE, le 10 décembre 1848,

M. PREISSAC, Paul, originaire de Montauban, fut nommé préfet, le 31 décembre 1848, en remplacement de M. Paul CERÉ.

A la suite du coup d'Etat du 2 décembre 1851, M. Paul de PREISSAC, fut envoyé à la Préfecture de Draguignan (Var), et remplacé, le 9 mai 1852, par M. Jules DUCOS (de Bordeaux), frère de M. Théodore DUCOS, ministre de la marine.

1852.

Nouveau conseil installé le 2 octobre 1852, par le préfet et prestation de serment de MM. :

Menne, Jules, maire, **Darodes** et **Michel,** adjoints, **Aunac,** Félix, docteur **Labesque, Destermes, Blay, Vacquéry,** Henry, **Jounqua,** Raymond,

1852 (suite).

Brocq, Bouchol, Cabrit, aîné, **Labie, Pauquet, Dutrouilh, Auvergnon, Noubel**, Henry, **Lapoussée, Tropamer**, Henry, **Ducasse, Londie**, Gustave, **Desmolin**.

1853.

Elections du 26 février et prestation de serment de MM.:

Menne, Jules, **Aunac**, Félix, **Cassaigneau**, père, docteur Eugène **Labesque, Destermes, Blay, Darodes**, docteur **Andrieu, Vacquéry**, aîné, **Jounqua, Brocq, Bouchol, Michel, Cabrit**, aîné, **Labie, Pauquet, Dutrouilh, Barsalou**, Auguste, **Auvergnon**, aîné, **Noubel**, Henry, **Lapoussée, Faucon**, Edouard, **Tropamer**, Henry, **Ducasse, Bouet, Londie**, Gustave, **Desmolin**, Jules.

M. Jules **Menne**, donne sa démission de maire, par suite d'un conflit d'alignement, au sujet de la maison du poète JASMIN, sur le cours Saint-Antoine.

La gestion des affaires municipales est laissée aux adjoints MM. **Darodes** et **Michel**.

1854.

M. Charles de **Bony**, originaire de Manflanquin, est nommé maire d'Agen, le 2 septembre 1854. MM. **Darodes** et **Michel**, maintenus adjoints.

Elections municipales du 2 Juin 1855.

NOMS, PROFESSIONS.	DATES de naissances.	SUFFRAGES.
Menne, Jules, propriétaire,	20 Mars 1809	1797
Destermes, Bernard, notaire.	11 Octobre 1798	1796
Blay, Michel, négociant,	12 Juin 1804	1759
Labesque, François-Eugène, docteur-médecin,	8 Septembre 1819	1758
Barsalou, Auguste, propriétaire,	27 Août 1808	1750
Andrieu, Ferdinand, médecin,	23 Juillet 1809	1747
Londie, Gustave, négociant,	15 Janvier 1818	1742
Bouchol, Adolphe, négociant,	14 Décembre 1809	1738
Faucon, Edouard, propriétaire,	29 Décembre 1800	1735
Cassaigneau, Victor, conseiller,	15 Janvier 1792	1723
Laurans, André, négociant,	30 Octobre 1809	1717
Jounqua, Bernard, négociant,	2 Décembre 1802	1710
Rouillès, Bernard, propriétaire,	4 Décembre 1795	1687
Tropamer, Henry, conseiller,	30 Juin 1815	1674
Delbourg, Marcellin, négociant,	7 Novembre 1805	1663
Auvergnon, Dominique, entrepreneur,	6 Janvier 1807	1653
Pauquet, Jacques-Séraphin, négociant,	14 Octobre 1797	1613
Noubel, Henry, député,	2 Juin 1822	1600
Michel, Jean, avoué,	18 Mai 1795	1591
Darodes, Victor, notaire,	20 Octobre 1801	1470
Labie, Louis, avoué,	29 Mars 1803	993
de **Trenquelléon**, Joseph, propriétaire,	22 Janvier 1817	976
Aunac, Félix, banquier,	22 Janvier 1807	965
Lugeol, Eugène, brasseur,	16 Février 1806	961
Dutrouilh, Joseph, négociant,	17 Mars 1800	957
Augarde, aîné, négociant,	22 Avril 1815	945
Vacquéry, Henry, avocat.	15 Juillet 1811	943

Installés le 24 août 1855, sous la présidence de M. de **Bony**, Charles, maire.

1857.

M. de **Bony** étant mort, le 1er Juin 1857, la charge de maire devint vacante.

Le 10 Juin suivant, M. **Noubel,** Henry, député au Corps législatif, fut nommé maire et installé le 22 Juillet 1857, avec MM. **Darodes** et **Michel,** adjoints.

1858.

Le 18 Avril 1858, M. PAILLARD, Alphonse, originaire de Dunkerque, remplace M. Jules DUCOS, en qualité de préfet.

Ce dernier, disgracié après la mort de son frère, meurt de chagrin, à Bordeaux, le 12 avril 1859.

1859 — 1860.

M. **Michel,** 2e adjoint, étant décédé le 11 décembre 1859, est remplacé par M. **Londic,** Gustave, le 28 février 1860.

Élections du 19 août 1860.

MM. Menne, Jules, **Noubel,** Henry, **Aunac,** Félix, **Destermes,** docteur **Labesque, Blay, Vacquéry,** aîné, **Laurans,** André, **Londic,** Gustave, de **Trenquelléon, Massias, Tournié, Bouchol, Jounqua,** Ingénieur **Couturier, Pel-**

1860 (suite).

letier, **Bessières, Augarde**, aîné, **Dutrouilh, Chaudeborde,** Henry, **Auvergnon, Bouet, Pauquet, Lapoussée,** Antoine **Fabre, Laffore,** Fortuné, **N.**

Installés le 1er Septembre.

1860.

Un décret impérial nomme M. **Londie,** Gustave, 1er adjoint. M. **Darodes,** s'étant démis de ses fonctions.

1863.

Par décret du 17 Janvier, 1863, M. le docteur **Salse,** Jean-Louis-François, est nommé 2e adjoint.

---

10 décembre 1864.

M. Paul FÉART, préfet du Gers, remplace à Agen, M. PAILLARD, appelé à la préfecture du Puy-de-Dôme.

Élections des 22 et 23 Juillet 1865.

MM.	DATES de Naissance.	NOMBRE des suffrages.
Aunac, Félix,	—	1949
Menne, Jules,	—	1770
docteur **Labesque**, Eugène,	—	1761
Vacquéry, aîné,	—	1745
Noubel, Henry,	—	1703
Amblard, Chéry,	26 Mars 1802	1701
Laurans, André,	—	1648
de **Sevin**, Léopold,	15 Novembre 1807	1639
Couturier, Jean-Baptiste,	17 Septembre 1808	1627
Destermes, Bernard.	—	1617
Cassaigneau, Léon,	—	1616
Lérou, Adolphe,	30 Janvier 1826	1612
Meaux, Édouard,	7 Janvier 1804	1587
Astié, Abdon,	30 Juillet 1813	1587
Phiquepal d'Arusmont,	20 Juillet 1821	1576
Illy, Jean-Baptiste,	20 Mai 1809	1540
Pauquet, Jacques-Séraphin,	—	1527
Salles, Raymond,	—	1522
Auvergnon, Dominique,	—	1514
Hugon, Pierre,	22 Mai 1822	1500
Laffore, Fortuné,	7 Juillet 1811	1500
de **Bavay**, Robert,	29 Mars 1803	1486
Moura, Yves-Louis,	13 Novembre 1813.	1475
docteur **Salse**, Louis,	5 Février 1819	1470
Delbreil, Louis, pharmacien, non élu au 1er tour, se retire,	—	1180
Londie, Gustave, élu au 2e tour,	—	1077
Gué, Auguste, élu, donne sa démission.	—	—

Installés le 4 août 1865.

1865.

A la suite de son échec aux élections des 22 et 24 juillet 1865, M. Gustave **Londie,** donne sa démission de 1er adjoint.

Par décret impérial,

M. **Noubel,** Henry, est nommé maire,

M. **Lérou,** Adolphe, négociant, 1er adjoint,

M. **Laffore,** Fortuné, 2e adjoint.

1867.

A la veille de la session du Conseil général du département, (août 1867), M. Paul FÉART, préfet de Lot-et-Garonne, mourut subitement d'une attaque d'appoplexie. (Seul exemple de ce genre, à Agen.

Au mois de novembre suivant, M. LORETTE, préfet de Montauban, fut appelé à la préfecture d'Agen.

---

28 mars 1868.

Démission de M. de **Sevin,** Léopold, de membre du conseil municipal.

1869.

Le 23 octobre 1869, M. le baron de MONTOUR, ancien préfet de la Drôme, remplace M. LORETTE, à Agen. Ce dernier va, au même titre, dans les Côtes-du-Nord, en disgrâce.

1870.

Démission de M. de **Bavay,** membre du conseil municipal, le 25 juin 1870.

Elections municipales des 6 et 7 août 1870.

Electeurs inscrits........ 4.350
Votants................ 1.577
Majorité nécessaire....... 1.088

MM. le docteur **Labesque,**	1.438	
Vacquéry, aîné,	1.424	
Beaugrand,	1.424	nouv.
Aunac, Félix,	1.423	
Laurans, André,	1.414	
Labat, Gustave,	1.396	id.
Salse,	1.385	
Lerou,	1.380	
Duputs,	1.379	id.
Londic, aîné,	1.379	
Phiquepal,	1.369	
Maux,	1.368	
de **Laffore,** Fortuné,	1.364	
Hugon,	1.363	
Amblard, Joseph,	1.360	id.
Pauquet,	1.358	
Lapoussée, négociant,	1.356	id.

1870 (suite)

Cassaigneau,	1.351
Astié, Abdon,	1.345
Naissant, fils ainé,	1.339 nouv.
Meynot,	1.333 id.
Jounqua,	1.311
Noubel, maire,	1.307
Auvergnon,	1.298
Chaudeborde, Louis,	1.278 id.
G. **Menne,**	1.272 id.
Armand de **Sevin,**	1.238 id.

Le conseil fut installé le 30 août 1870, par M. **Lerou,** 1er adjoint.

Il n'y eût pas de liste d'opposition. Les nouvelles de la guerre avec la Prusse étant tous les jours plus mauvaises.

Après la bataille de Sedan et la déchéance de l'Empereur, la République fut de nouveau proclamée, le 4 septembre 1870.

Le 7 septembre, le Gouvernement provisoire envoya à Agen, M. Armand AUDOY, l'un des rédacteurs du journal le *Temps*, en qualité de préfet.

1870 (suite)

Municipalité d'Agen formant le Comité de Défense nationale organisée par arrêté préfectoral du 10 septembre 1870.

MM. **Delpech,** Armand, avocat, maire décédé le 21 janvier 1872,
Gué, Auguste, négociant, 1er adjoint,
Fournel, père, avocat, 2e —
Cabadé, Amédée, avocat, secrétaire,
Luzcol, propriétaire,
Jouitou, père, avocat,
Lannes, Edmond, négociant,
Barsalou, Gustave, avocat,
Lafargue, Noël, propriétaire,
Chaulet, Paul, docteur médecin,
Labadie, avoué,
Fabre, Joseph, avoué,
Espenan, Joseph, négociant,
Laon, Victor, négociant.
Soulès, Jeanin, ancien typographe.

15 avril 1871.

L'Assemblée nationale ayant voté la dissolution des Commissions municipales, celle d'Agen adresse au Préfet sa démission signée : Auguste **Gué.**

1871.

Par décret du 16 avril 1871, M. Paul LAURAS, avocat, secrétaire de M. **Dufaure,** est nommé préfet d'Agen.

M. AUDOY, est appelé à la préfecture des Vosges.

Le 20 avril 1871, MM. le docteur **Labesque,** Henry **Vacquéry** et **Aunac** Félix, membres de l'ancien conseil, sur l'invitation officielle qui leur fut adressée, s'installent à la mairie, conformément à la loi du 14 avril 1871.

Remise leur est faite de l'Administration communale, par M. **Beaugrand,** nommé conseiller à la cour d'appel et et dont les fonctions étaient incompatibles avec celles d'officier municipal.

Elections du 30 avril 1871. — Il y eut deux listes.

L'une, du parti conservateur, dite de conciliation ;

L'autre, du parti républicain, formée dans une réunion, rue Pontarique, comprenant 13 membres de la commission municipale et 14 candidats, pris en majeure partie, dans la loge maçonnique.

Electeurs inscrits	4.689
Votants	3.371
Abstentions	1.318

Suffrages obtenus par la liste

Républicaine		Conservatrice	
Gué, Auguste.	2.332	**Labesque**, docteur,	1.320
Lannes, Edmond.	2.254	**Aunac**, Félix,	1.302
Fournel, Henry,	2.230	**Vacquéry**, aîné,	1.243
Fabre, Joseph,	2.221	**Beaugrand**,	1.232
Lugeol,	2.221	**Jailles**,	1.229
Lacoste, Eugène,	2.220	**Massias**,	1.225
Laurent, Ponts Chaus.	2.214	**Laurans**, André,	1.208
Labadie, Ferdinand,	2.208	**Salse**, docteur,	1.195
Chaulet, père,	2.173	**Labat**, Gustave,	1.194
Astresse,	2.171	**Lérou**,	1.172
Magnac, aîné,	2.168	**Hugon**, chaudronnier,	1.172
Laou, Victor,	2.165	**Larroche**, Théodore,	1.171
Labau, neveu,	2.164	**Londie**, aîné,	1.164
Famin, dir. de la Banq.	2.137	**Meynot**,	1.163
Jouitou, père,	2.136	**Pichon**, avoué,	1.160

Républicaine	(suite)	Conservatrice	
Soulès, Jeanin,	2.133	**Fabre**, Antoine,	1.150
Pourteau, Charles,	2.127	**Glady**,	1.145
Espénan, Joseph,	2.122	**Pujoula**, minotier,	1.140
Couleau,	2.116	**Jounqua**,	1.129
Forges, Firmin,	2.104	**Phiquepal**,	1.118
Sancié,	2.087	**Saint-Exupéry**,	1.116
Blanchet,	2.072	de **Gaulejac**, médecin.	1.108
Narbonne, ainé.	2.063	**Pinédre**, ainé,	1.098
Sentini,	2.063	**Astié**, Abdon,	1.098
Boulet,	2.062	**Auvergnon**, ainé,	1.090
Cabadé, Amédée.	2.059	**Baron**, ainé,	1.077
Barsalou, Gustave,	2.050	**Souèges**, père, avocat,	1.072

La liste républicaine ayant obtenu plus de 1000 voix de majorité, les membres la composant furent installés par M. le préfet LAURAS, le 3 mai 1871.

1871 — 9 mai

Un décret de M. THIERS, président du Pouvoir exécutif de la République nomma :

M. **Gué,** Auguste, maire,

MM. **Lugeol** et **Labadie,** Ferdinand, adjoints.

MM. **Labesque, Vacquéry** et **Aunac** leur firent remise des pouvoirs municipaux.

1872.

Par décret du 16 avril 1872, M. LAURAS, Paul, est appelé à la préfecture du Tarn. Il est remplacé à celle d'Agen par M. Charles WELCHE, ancien maire de Nancy.

Cette même année, M. **Fabre,** Joseph, avoué, est nommé 2e adjoint ; M. **Labadie** ayant donné sa démission.

1873 — 28 mai.

Un décret du maréchal de MAC MAHON, confia la préfecture de Lot-et-Garonne à M. MAHOU, âgé de 32 ans, gendre de M. de **Bourrée,** ancien ambassadeur.

M. WELCHE reçut de l'avancement et passa à Toulouse, au au même titre.

1873 — 2 juillet

M. **Magnac** donne sa démission de conseiller municipal.

1874 — 20 février.

L'Assemblée Nationale de Versailles vote une loi tendant à supprimer les municipalités républicaines et à donner au Pouvoir exécutif, le droit de nommer directement les maires et de substituer des commissions administratives aux conseils municipaux.

Par voie de conséquence, un décret du maréchal de MAC MAHON, du 14 février 1874, contresigné **Buffet,** nomma d'abord préfet de Lot-et-Garonne,

M. PÉTINIAUD de CHAMPAGNAC, originaire de la Creuse, en remplacement de M. MAHOU.

Puis, le 10 avril 1874, M. **Meynot,** capitaine du génie en retraite, fut nommé maire d'Agen, avec M. de **Lacvivier,** notaire, 1er adjoint, et M. **Bez,** agent de change, 2e adjoint.

Antérieurement, dans la séance du conseil, sous la présidence de M. **Gué,** maire, le 16 février 1874, M. **Fournel** avait protesté contre la révocation des magistrats municipaux issus des élections du 30 avril 1871.

1874.

Par arrêté préfectoral du 23 mai 1874, les conseillers municipaux d'Agen furent suspendus et par un autre arrêté du 29 mai 1874, une Commission administrative pour les remplacer, fut composée de MM.:

1874 (suite).

Amblard, Joseph, propriétaire,
Aunac, Félix, banquier,
Barsalou, Rotch, ancien député,
Bouet, Charles, juge en 1re instance,
Duputz, notaire,
Fabre, Antoine, avoué,
Fourteau, entrepreneur,
Glady, avocat,
Guizot, Georges, banquier,
Jounqua, propriétaire,
Massias, ancien négociant,
Moullié, conseiller à la Cour,
Sourrel, charpentier.

Un arrêté ministériel du 27 mai 1874, signé WELCHE, approuva l'arrêté préfectoral du 23 mai, signé MAHOU, et suspend les conseillers municipaux d'Agen, jusqu'au 31 décembre 1874.

Cette même année, le Conseil général de Lot-et-Garonne divisa, dans un but politique et électoral, la commune d'Agen en 4 sections, c'est-à-dire que chacun des 2 cantons fut fractionné en 2 parties.

Ce sectionnement fut approuvé par un décret du maréchal de MAC-MAHON.

Ces dispositions, rappelant les errements des gaïches du Moyen-âge, les élections municipales se firent le 17 octobre 1874, sur deux listes rivales.

Liste

des Républicains   des Conservateurs

1er canton, 1re section.

MM.	Gué, Auguste,	446 voix	MM.	Labat, Gustave,	283 voix
	Laurent, Antonin,	446		Castaing,	277
	Forges, Hercule.	440		Amblard, Joseph,	277
	Espénan, Joseph,	431		Maillebiau, négociant,	270
	Astresse,	428	de	Gaulejac, docteur,	269
	Lacoste,	423		Sourrel, charpentier,	257

1er canton, 2e section.

Sancić,	329	
Sentini,	328	Pas de candidats.
Narbonne,	328	
Villot,	327	

2e canton, 1re section.

Gué,	651	**Guizot,**	472
Lugeol,	646	**Glady,**	464
Fabre, Joseph,	645	**Despans,** notaire,	455
Soulès,	643	**Massias,**	455
Lannes,	640	**Moullié,**	445
Lauras,	635	**Bouet,**	445
Cazanobes, Jules,	627	**Fourteau,** entrepreneur,	442
Couleau,	622	**Sirbain,**	435
Blanchet,	595		

2e canton, 2e section.

Gué,	729
Forgues,	728
Mazières,	725
Jouitou,	724
Barsalou, Gustave,	724
Cabadé,	724
Boulet,	723
Cauboue, docteur,	721

Pas de candidats.

1874.

Dans cette lutte électorale du 17 octobre 1874, MM. **Meynot**, de **Lacvivier** et **Bez,** ne s'étant pas mis sur les rangs, n'essuyèrent pas l'échec de leur collègues de la commission administrative. Ils installèrent le 6 novembre 1874, les nouveaux élus, dans l'ordre des suffrages, savoir : MM.

Gué, Auguste,	729 voix.	
Forgues,	728	
Mazières,	725	
Jouitou, père,	724	
Barsalou, Gustave,	724	
Cabadé, Amédée,	724	élu secrétaire.
Boulet,	723	
docteur **Cauboue,**	721	
Lugeol,	646	
Fabre, Joseph,	644	
Soulès, Jeanin,	643	
Lannes, Edmond,	640	
Lauras,	635	
Cazanobes, Jules,	627	
Couleau,	622	
Blanchet,	595	
Laurent,	446	
Forges, Hercula,	440	
Lacoste, Eugène,	445	
Espénan,	431	
Astresse,	428	
Sancié,	329	

1874 (suite).

Narbonne, 328
Sentini, 328
Villot, 327

1876.

Le 12 Janvier 1876, mourut M. **Gué,** Auguste, ancien maire et chef du parti républicain d'Agen.

---

21 Mars 1876.

M. RENAUD, Félix, né en 1832, ancien député de Saône-et-Loire, fut nommé par M. Jules SIMON, ministre de l'intérieur, à la préfecture de Lot-et-Garonne.

M. de CHAMPAGNAC fut admis à la retraite, sur sa demande.

---

8 Mai 1876.

Dernière séance convoquée par M. **Meynot.** Aucun conseiller ne se rendit à l'invitation M. **Meynot** le constate au procès-verbal, dans lequel il arrêta sa gestion, le 20 mai 1876.

Par décret du 19 mai 1876, à Versailles, signé du maréchal de MAC MAHON, contresignée **Marcère**

M. **Lugeol,** Eugène, (né à Fargues, canton de Damazan, en 1806, et décédé à Agen, le 12 juillet 1881), fut nommé maire.

1876 (suite).

M. **Fabre,** Joseph, 1er adjoint,
M. **Cabadé,** 2e adjoint.

---

22 mai 1876.

Le Préfet, M. RENAUD, installa les nouveaux magistrats et conseillers, en les félicitant du rétablissement des franchises munipales.

1876.

Donnent leur démission de conseiller municipaux :

MM. **Forges,** le 26 juin 1876,
Gaubert, le 27 août —
Blanchet, le 5 septembre —

1877.

Le 9 mai 1877, M. Félix RENAUD refuse la préfecture à laquelle il est appelé, et M. POUGNY, préfet de la Somme, n'accepte pas celle de Lot-et-Garonne.

Le 22 mai, M. AYLIES, originaire d'Auch, ancien secrétaire de M. de FOURTOU, est nommé préfet à Agen.

Elections municipales complémentaires du 27 mai 1877.

1er canton, 1re section.

Inscrits.................. 954
Votants,,,................ 361

1877 (suite)

MM. **Darlu**, expert-géomètre, républicain..... 349 élu.
Rozès-Joly, pharmacien   id   .. 349 élu.

2e canton, 1re section.

Inscrits............ 1.483
Votants............ 528

MM. **Gué**, Léon, négociant, républicain....... 510 élu.
Bœuf, Xavier,   id   ...... 497 élu.

2e canton, 2e section.

Inscrits............ 1.293
Votants 591

MM. **Forgues**, Firmin, négociant, républicain.. 572 élu.
Nicouleau, agent-voyer retraité, id . 557 élu.
Bernou, ancien professeur, id . 556 élu.
Jalabert, ainé, négociant id . 554 élu.

Cette liste, fournie par le comité maçonnique dirigé par le pasteur **Corbière**, triompha sans opposition. Les nouveaux élus furent installés le 2 Juin, sous la présidence de M. **Fabre**, Joseph.

Au moment de la formation du cabinet DUFAURE et du message républicain du Maréchal de MAC MAHON, le 15 décembre 1877, M. AYLIES se démit de la préfecture d'Agen.

Il fut remplacé, par le 19 décembre 1877, par **M. HENRY**, Arsène, originaire de la Dordogne, secrétaire général de la Gironde.

Elections municipales du 6 janvier 1878.

Inscrits.................. 4.636
Votants................... 2.756
Majorité.................. 1.379

Liste des Républicains		Liste des Conservateurs	
Lugeol, Eugène,	2.157 élu.	**Barsalou**, Rotch,	659
Fabre, Joseph,	2.126	**Bonnal**, capitaine,	654
Lannes, Edmond,	2.119	**Amblard**, Joseph,	646
Mazières,	2.117	**Cassaigneau**,	642
Laurent,	2.107	**Glady**,	641
Lacoste, Eugène,	2.104	de **Laffore**, Fortuné,	640
Lauras,	2.097	**Lamy**, Fernand,	635
Thomas,	2.097	**Lesueur de Pérès**,	614
Cazanobes, Jules,	2.094	**Marty**,	630
Narbonne, aîné,	2.093	**Bertrand Piret**,	629
Soulès, père,	2.092	**Artigalas**, capitaine,	628
Villot, Adrien,	2.085	**Mérouze**,	628
Auvergnon, Henry,	2.076	de **Sevin**, Armand,	622
Darlu,	2.067	**Pastureau**,	621
Nicouleau,	2.067	**Darqué**, fils,	620
Forgues, Firmin,	2.062	**Cabrit**, Eugène,	619
Sentini, père,	2.061	**Millet**,	617
Sancié,	2.051	**Recours**, notaire,	616
Couleau,	2.043	**Catala**, pépiniériste,	615
Bernou,	2.036	**Despeau**, ferblantier,	615
Boulet,	2.021	**Belloc**, Léon, docteur,	614
Barsalou, Gustave,	1.992	**Pommaret**, Adolphe,	613
Rabin,	1.992	**Brisse**, Paul,	613
Lafore, aîné,	1.954	**Roques**, (des bains)	612
Blanchet,	1.914	**Quillot**, négociant,	611
Rozès-Joly, pharmacien,	1.431	**Jullié**, charpentier,	610
Cabadé, Amédée,	505 n. élu.		
Gué, Léon,	253 id.		

6 janvier 1878.

La liste républicaine l'emporta sur celle des conservateurs.

Le 12 janvier, il y eut un nouveau scrutin pour compléter le conseil.

M. **Rozès-Joly**, obtint, 1.135 voix, sur 1.243 votants.
M. **Cabadé**, Amédée, 39 voix.

M. **Rozès-Joly**, élu, donna sa démission.

---

11 février 1878.

M. **Lugeol**, Eugène, fut confirmé dans la charge de maire.

M. **Fabre**, Joseph, dans celle de 1er adjoint,

M. **Laurent**, Yves, fut nommé 2e adjoint, en remplacement de M. **Cabadé**, Amédée.

---

10 juillet 1878.

M. **Mazières** donne sa démission de conseiller municipal.

---

5 octobre 1878.

A l'occasion de la nomination des délégués municipaux chargés d'élire les sénateurs, le choix du conseil ayant porté sur M. le pasteur **Corbière**, étranger à sa composition, M. **Lugeol** comprit qu'il n'était plus d'accord avec la majorité.

5 octobre 1878 (suite).

Il donna sa démission de maire, le 1er novembre 1878, M. **Fabre**, Joseph, 1er adjoint, le suivit dans sa retraite et M. **Laurent** resta, pour l'expédition des affaires.

---

19 janvier 1879.

Élections complémentaires par suite des démission de MM. **Mazières** et **Rozès-Joly**.

Inscrits 4.545
Votants............. 1.802

Candidats de la liste élaborée par M. le pasteur **Corbière** et son comité.

M. **Jouitou**, fils, avocat, 1 730 suffrages — élu.
M. **Caxlex**, ainé, brasseur, 1.569 id.

La veille de cette élection, M. **Laurent** adressa à M. le Préfet, sa démission de second adjoint et d'administrateur intérimaire.

---

16 février 1879.

Démissions de MM. **Narbonne** et **Villot**, conseillers.

1879.

Par décret du 20 février 1879, M. **Jouitou**, fils, Jean-Louis, secrétaire de l'ordre des avocats, fut nommé maire,

M. **Bernou,** Jean, 1er adjoint,

M. **Thomas,** Georges, 2e adjoint.

Installés le 26 février suivant.

Dans la même séance, la division ayant éclaté au sein du conseil, onze membres se retirèrent. Ce furent MM :

Blanchet, Auvergnon, Forgues, Rabin, Laffore, aîné, **Cazanobes, Darlu, Soulès**, père, **Boulet, Nicouleau** et **Castex.**

Le conseil n'étant plus en nombre pour délibérer valablement, il fallut recourir le 17 août 1879, à des élections complémentaires qui donnèrent les résultats suivants :

Inscrits................ 4.574

Votants............. 675

Blanchet,	519
Cazanobes, avoué,	509
Clerc, Léon, tailleur,	545
Dupouy, docteur médecin,	550
Durand, avoué,	574
Feyt, officier retraité,	550
Lacaze, tonnelier,	511

Lafon, vannier, 542
Nicouleau, ex-agent-voyer, 557
Pouydesseau, chiffonnier, 504

L'élection fut nulle. Les candidats n'ayant pas obtenu le nombre de suffrages exigés par la loi.

Au second tour de scrutin, deux listes républicaines furent en présence :

L'une, dite des républicains modérés, soutenue par le journal la *Constitution,*

L'autre, dressée par le comité **Corbière** et **Durand,** dite des intransigeants.

Election du 24 août 1879.

Liste

de la *Constitution*		Corbière-Durand	
Blanchet, charpentier,	968 élu.	**Blanchet**, sabotier.	308
Bonnet, fils, imprimeur,	834	**Clerc**, tailleur,	271
Bruchet, négociant,	913	**Durand**, avoué,	413
Caxtex, brasseur,	952	**Feyt**, officier retraité,	348
d'Harcourt, pharmacien.	1.012	**Gensay**, march. d'allumettes,	307
Forgues, Firmin,	1.001	**Fourès**, horticulteur,	245
Fourcaud, vétérinaire,	770	**Lafon**, vannier.	351
Jullian,	953	**Lafore**, aîné, maçon.	399
Laporte, fils, charcutier,	871	**Nicouleau**,	432
Rabin, serrurier,	913	**Pouydesseau**,	247
Reignier, médecin.	912	**Targe**, forgeron.	260

Le succès des candidats patronés par la *Constitution* détermina le lendemain, 25 août, la démission du maire M. **Jouitou** et de ses adjoints, MM. **Bernou** et **Thomas**.

1879 (suite).

MM. **Lauras** et **Couleau**, membres du conseil, furent, à titre d'adjoints, chargés de l'expédition des affaires de la commune.

Ces compétitions se compliquèrent encore de la démission de MM. **Lugeol**, Joseph **Fabre**, **Laurent**, **Cazanobes**, **Soulès**, **Jouitou** et **Bruchet**, représentant la partie modérée de l'Assemblée municipale.

1880.

Le 11 janvier 1880, les électeurs durent procéder au remplacement des 7 démissionnaires.

Le parti radical se présenta seul, avec le mandat impératif dans son programme.

Inscrits........ .... 4.456
Votants............. 973

MM. **Binet**, tisserand, dit la *Douceur*, obtint 887 voix.
    Carboy, charron,   868
    Devidal, maçon, dit la *Victoire*,   853
    Durand, Jean-Baptiste, avoué,   876
    Gardet, passementier, contre-maître,   866
    Nicouleau, ex-agent-voyer,   882
    Richat, maçon, dit la *Pensée*, octogénaire,   874

1880.

Pas d'élection. Le quart des électeurs inscrits n'ayant pas donné suffisamment de suffrages aux candidats.

Le dimanche suivant, eut lieu le second tour de scrutin, sur la même liste.

Durand,	720 voix.
Nicouleau,	718
Binet,	712
Gardet,	708
Richat,	707
Devidal,	707
Carboy,	703

22 janvier 1880.

MM. **Lauras** et **Couleau** adressèrent leur démission d'adjoints à M. le Préfet, afin de faciliter la réorganisation de la municipalité.

Par décret du 5 février 1880, M. **Durand**, Jean-Baptiste, licencié, président de la chambre des avoués, né à Moirax, près Agen, le 22 décembre 1843, fut nommé maire.

MM. **Forgues**, Firmin, négociant, et **Rabin**, Léon, serrurier furent nommés adjoints.

15 mars 1880.

Démission de M. **d'Harcourt,** conseiller municipal.

A la suite de vifs dissentiments, M. **Forgues,** Firmin et M. **Rabin,** Léon, donnèrent, le 29 juillet 1880, leur démission d'adjoints.

1881.

Le renouvellement général des conseils municipaux eut lieu en France, le 9 janvier 1881.

A Agen, deux listes furent formées.

L'une, dite des *opportunistes* ou Républicains modérés,

L'autre, dite des Radicaux intrangiseants dirigés par M. **Durand.**

Electeurs inscrits............ 4 540
Votants..................... 2.720

1881. — Liste

des Radicaux

des Opportunistes

Thomas, droguiste,	1 673 élu.	
Durand, maire,	1.657	
Nicouleau,	1.629	
Sentini, père,	1.621	
Barsalou, Gustave,	1.615	
Bernou, ex-instituteur,	1.608	
d'Harcourt, pharmacien,	1.605	
Feyt,	1 588	
de **Lafore**, Timoléon,	1.584	
Laffore, Entrepreneur,	1.581	
Gardet,	1.572	
Gaube, docteur médecin.	1.569	
Binet,	1.567	
Castex, brasseur,	1.565	
Laporte, fils,	1.561	

Laurent, Yves,	1.008
Dupérier, docteur,	978
Lanes, Edmond,	970
Chaumié, avocat,	966
Lauras,	966
Martin, banquier,	956
Pommiès, serrurier.	955
Couleau,	951
Béchet, ex-cond. des p.-et-ch.	945
Auvergnon, jeune.	940
Biers, ex-professeur,	933
Viste, négociant.	932
Darlu, géomètre,	930

Gensay,	1.559	
Clerc, tailleur,	1.559	
Berne,	1.558	
Jalabert.	1.554	
Laborde,	1.552	
Carboy, charron,	1.545	
Cassan,	1.545	
Richat, maçon,	1.543	
Devidal, maçon,	1.542	
Clugnac,	1.524	
Espiaut,	1.521	
Coustou,	1.500	

Sancié,	926
Boulet, charpentier,	918
Laulanier, vétérinaire,	917
Jullian, ex-tailleur,	916
Forgues, négociant,	911
Delbreil, pharmacien.	904
Régnier, médecin,	904
Pérès, Léon, mercier,	901
Lacaze, tonnelier,	894
Chapouillé, meunier.	891
Larrat, drageur,	889
Gros, clerc d'avoué,	876
Castan,	870
Blanchet, charpentier,	861

Installés le 23 Janvier 1881.

30 Janvier 1881.

Après les élections du 9 Janvier et le succès de la liste radicale, le Gouvernement nomma :

MM. **Durand**, Jean-Baptiste, Maire,
de **Laffore**, Burrhus-Timoléon, 1er adjoint,
Castex, aîné, brasseur, 2e adjoint.

Installés le 7 février.

Division du Conseil en 5 commissions, de 8 membres chacunes.

1882.

Par décret du 14 janvier 1882, sous le ministère GAMBETTA, M. HENRY reçoit de l'avancement et est promu à la préfecture du Loiret.

Par le même décret, il est remplacé par M. CHAPRON, Alfred, originaire de Réalmont (Tarn), et précédemment, préfet de la Sarthe.

Une loi du 28 mars 1882, rendant aux chefs-lieu de département, d'arrondissement et de canton, la faculté d'élire les maires et les adjoints, motiva des élections complémentaires dans les grandes communes.

Le 16 avril, par suite des démissions de MM. **Sentini** et **Laborde**, le scrutin fut ouvert pour les remplacer.

— 229 —

1882 (suite).

Au 1er tour, sur 4.793 inscrits,

MM. **Delpech**, candidat radical obtint 1.102 suffrages
Rues, père,   id.   1.006 —

La majorité absolue de 1.119 voix, n'ayant pas été acquise, il fut procédé à un second tour.

Mais dans l'intervalle, M. **Rues**, père, s'étant désisté, le comité radical lui substitua M. **Peyrot**, boulanger ; de telle sorte que le 23 avril suivant,

MM. **Delpech**, marchand de vin, fut élu par 866 voix.
Peyrot, par 828 voix.

---

7 mai 1882.

En vertu de la loi du 28 mars 1882, le conseil municipal procéda à l'élection de ses officiers.

Sur 27 votants, M. Jean-Baptiste **Durand** fut élu maire, par 21 suffrages, au 1er tour.

M. Timoléon de **Bourrousse de Laffore** eut, au 3e tour, 14 voix, pour la charge de 1er adjoint.

M. **Castex** fut élu second adjoint, par 23 voix, au 1er tour.

1884.

En vertu d'une loi nouvelle du 5 avril 1884, sur l'organisation des communes, un renouvellement intégral des conseils municipaux fut fixé au 4 mai 1884.

Elections du 4 mai 1884.

Liste unique composée de républicains radicaux.

Electeurs inscrits.......... 4.837
Votants................... 2.512
Bulletins nuls............. 120

Résultats du vote :

MM. **Thomas,** Georges, négociant, 2.056
Nicouleau, Joseph, ex-agent-voyer, 2.045
Barsalou, Gustave, avocat, 2.042
Castex, Pierre, brasseur, 2.028
Rozès-Joly, Alphonse, ingénieur, 2.013
Delpech, Jean, marchand de vin, 2.010
Champagne, Paul, négociant, 1.993
Gardet, Pierre, passementier, 1.987
Lamothe, Germain, cordier, 1.973
Gaube, Léopold, médecin, 1.964
Boscq, Emile, négociant, 1.950
Lury, Henry, agent d'assurance, 1.948
Carboy, Bernard, charron, 1.945
Geinsay, Emilien, 1.944
Binet, Jean-Baptiste, négociant, 1.924
Durand, Jean-Baptiste, anc. avoué, 1.922
Espiau, Jean, négociant, 1.901
Cassan, Augustin, imprimeur, démissionnaire en mars 1886, 1.898
Clerc, Léon, 1.879
Clugnac, François, négociant, 1.860

1884 (suite).

Laporte, fils, Antoine, charcutier, 1.859
d'Harcourt, Georges, pharmacien, 1.856
Cazeneuve, Jean, mercier, 1.856
Fumadelles, Raymond, nég. 1.830
Devidal, entrepreneur, 1.827
Coustou, propriétaire, 1.820
Oliron, Albert, cordier, 1.802

18 mai 1884.

Dans la séance d'installation, le nouveau conseil procéda au choix du maire et de ses adjoints.

Sur 27 inscrits et 27 votants.

MM. **Durand** obtint 23 voix, pour l'office de maire,
Castex — 17 — 1er adjoint,
Laporte, fils, 18 — 2e —

1885.

Par suite des démissions successives de MM.:

Champagne, négociant,
d'Harcourt, pharmacien,
Gaube, docteur médecin,
Binet, tisserant,

et des décès de MM.:

Castex, brasseur, 1er adjoint,
Devidal, entrepreneur,
Gardet, passementier.

1885 (suite).

Sept élections complémentaires ont eu lieu le 22 novembre 1885.

Elles ont donné le résultat suivant :

Inscrits............ 4.946

Votants............ 1.757

MM. **Derennes,** pr. d'histoire au Lycée,	1.542 voix.
Lacoste, fils, négociant,	1.510
Baudin, négociant,	1.502
Sentini, fils, pharmacien,	1.488
Trouillé, limonadier,	1.480
Montayral, limonadier,	1.451
Pérès, entrepreneur,	1.446

Candidats du comité central républicain radical élus, sans liste opposée, au 1er tour de scrutin.

Dans la séance du 18 novembre 1885, les nouveaux conseillers furent installés et de concert avec les anciens, procédèrent à l'élection d'un adjoint, pour remplacer M. **Castex,** décédé.

Au 2e tour, sur 26 votants, M. **Barsalou-Froumenty,** Gustave, a été nommé 2e adjoint, par 14 suffrages, contre M. **Rozès-Joly,** qui en avait recueilli 11.

LES INTENDANTS DE GUYENNE

Nous croyons devoir compléter nos recherches relatives à l'ordre chronologique des Magistrats consulaires d'Agen, des Sénéchaux de l'Agenais et des Préfets du Lot-et-Garonne, par la liste des Intendants de Bordeaux.

Ces officiers supérieurs, institués vers le milieu du XVIe siècle, avec des attributions essentiellement administratives, eurent, à partir du règne de Louis XIII, sous leur dépendance, toutes les communes et paroisses (celle d'Agen notamment), situées dans l'étendue de la Guyenne.

Voici leurs noms :

Tambonneau,	1.571
de **Vic,**	1.595
Ogier de Gourgues,	1.598
Caumartin et de Vicouse,	1.600
de **Gourgues,** Marc-Anthoine,	1.616
Hurault de Bellesbat,	1.618
Desfontaine Bouet,	avril 1.619
Séguier d'Autry,	1.621—1.624
de **Fortia,**	1.626—1.627

(suite).

Ces neuf magistrats furent chargés de missions passagères pour des affaires spéciales et momentanées.

Servien,		1.628
Foullé,		1.628—1.630
Verthamont,		1.630—1.635
Lauzon,		1.641—1.643
Boucherat, intérimaire en		1.643
Charenton, Jacques, seig. de la Terrière,		1.643
de **Pontac,**		1.652
Tallement,	mars	1.654—1.658
Hotman,	20 novembre	1.658—1.661
Lejeay,		1.662 à 1.663
Pellot,		1.663 à 1.669
d'**Aguesseau,**	octobre	1.669—1.673
de **Sève,**	mars 1.673 à décembre	1.678
Faucon de Ris,	novembre 1.679 à	1.686
Bazin de Bezons,	mars 1.686 à	1.700
La Bourdonnais,	3 septembre 1.700 à	1.709
Lamoignon de Courson,	1.709 à novembre	1.720
Latour de Galais,	novembre	1.715
Boucher,	novembre 1.720 à	1.742

(suite).

Aubert de Tourny, L.-U.   1.743 à 1.757

Aubert de Tourny, C.-L. fils,   1.757—1.760

de **Boutin,**   1.760—1.766

Farges,   1.766—1.770

Esmangart,   juin 1.770 au 30 septembre 1.775

Clugny,   octobre 1.775 à mai 1.776

Dupré de Saint-Maur,   juin 1.776 à 1.784

de **Boutin et Boisgilbaut,** juin 1.784 à février 1.785

Camus de Néville, février 1.785, 14 septembre 1.79.

La suppression des Intendants fut votée par l'Assemblée nationale, le 27 septembre 1790.

OMISSIONS

(page 55) — année 1597.

François de DURFORT, baron de Bajamont et de Lafox, sénéchal.

(page 58) — 1605.

NICOLAS DEYNIER, vice sénéchal.

(page 62) — 30 mars 1.615.

Jehan de LAPEYRE, escuyer, vice sénéchal.

(page 66) — 1627.

Jehan de REDON, vice sénéchal, fils de **Florimond** de **Redon,** lieutenant principal au Présidial.

(page 68) — 1632.

Mathieu SEMBEL, vice sénéchal,

Son nom a été donné à l'un des quartiers neufs d'Agen.

(suite).

(page 68) — 1632.

Louis de MELET, vice sénéchal,

tué à Agen, le 17 Juin 1636, dans une émeute populaire.

(page 73) — 1648.

Bertrand de JAYAN, vice sénéchal.

ses lettres de provisions furent signées à Paris, le 7 septembre 1648.

(page 82) — 1672.

Pierre Joseph de JAYAN, vice sénéchal, fils de Bertrand,

nommé le 23 novembre 1672.

(page 91) — 1693.

François de COQUET acheta l'office de vice sénéchal, saisi sur la tête de Joseph JAYAN, à la requête du Parlement de Bordeaux. Ses lettres de provisions sont datées de Paris, le 8 juin 1693.

CORRECTIONS

Pages : 53 *Lisez* 1589 au *lieu* de 1489
— 82 — 1672 — 1692
— 90 — 1693 — 1683
— 129 — 1773 — 1673
— 150 — 1798 — 1787

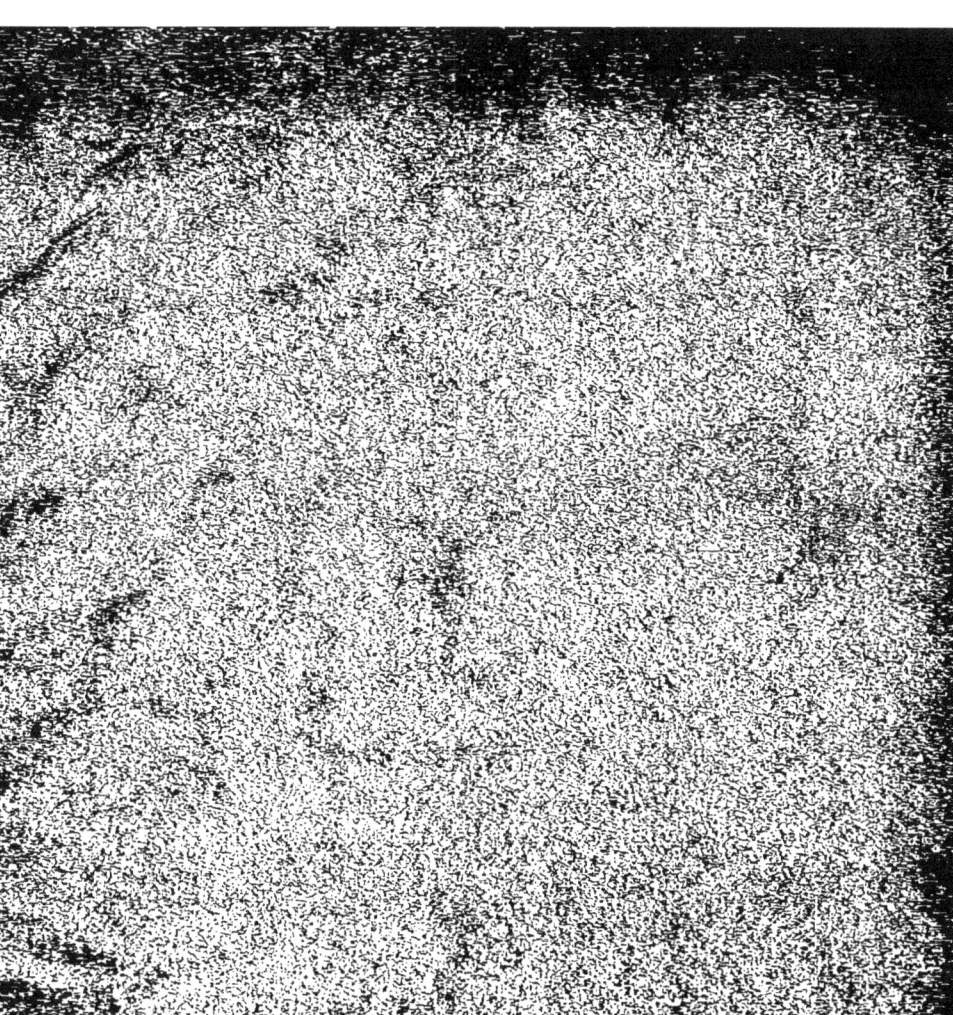

www.ingramcontent.com/pod-product-compliance
Lightning Source LLC
Chambersburg PA
CBHW071946160426
43198CB00011B/1566